U0649096

刘益杰◎编著

筹码分布
形态精讲

案例版

中国铁道出版社有限公司
CHINA RAILWAY PUBLISHING HOUSE CO., LTD.

图书在版编目（CIP）数据

筹码分布形态精讲：案例版 / 刘益杰编著. —北京：
中国铁道出版社有限公司，2023.5（2024.11 重印）
ISBN 978-7-113-29741-1

Ⅰ.①筹… Ⅱ.①刘… Ⅲ.①股票交易–基本知识
Ⅳ.①F830.91

中国版本图书馆CIP数据核字(2022)第197205号

书　　名：筹码分布形态精讲（案例版）
　　　　　CHOUMA FENBU XINGTAI JINGJIANG（ANLI BAN）
作　　者：刘益杰

责任编辑：张亚慧　编辑部电话：（010）51873035　电子邮箱：lampard@vip.163.com
封面设计：宿　萌
责任校对：苗　丹
责任印制：赵星辰

出版发行：中国铁道出版社有限公司（100054，北京市西城区右安门西街 8 号）
印　　刷：天津嘉恒印务有限公司
版　　次：2023 年 5 月第 1 版　2024 年 11 月第 2 次印刷
开　　本：710 mm×1 000 mm 1/16　印张：13.5　字数：189 千
书　　号：ISBN 978-7-113-29741-1
定　　价：79.00 元

版权所有　侵权必究

凡购买铁道版图书，如有印制质量问题，请与本社读者服务部联系调换。电话：（010）51873174
打击盗版举报电话：（010）63549461

前　言

所有的投资者进入股市的主要目的都是获得投资收益，使财富增值。理论上，如果散户投资者能够买在一波上升行情的底部，卖在上升行情的顶部，就可以最大化获得投资收益。

然而事实上，这种可能是非常小的。如果投资者能够发现主力，跟随主力操作，一般都能获得不错的收益，这也是股市投资中比较好的一种操作策略。那么，如何来判断一只股票有主力入驻？又怎么判断主力开始出货离场了呢？

相对来说，筹码分布图就是一种比较可靠的分析途径。

所谓筹码分布，简单理解就是流通股票持仓成本分布，它反映的是在不同价位上投资者的持仓数量。对应的，筹码分布图就是展示各个价位筹码分布情况的图形。通过筹码分布图的移动变化，投资者可以十分方便地分析出主力的持仓成本在哪里，也可以快速判断出此时主力处于操盘的哪个阶段，这对散户制定投资策略具有非常重要的指示意义。

也正是因为筹码分布图相对其他炒股技术来说，可靠性更高，因此越来越受到技术派投资者的推崇。为了让更多的散户投资者了解、掌握筹码分布技术，并在实战中用好筹码分布图来指导操盘策略，从而扩大股票投资收益，作者编写了本书。

全书共七章，可划分为三部分：

◆ 第一部分为第 1 至 3 章，主要针对筹码分布技术进行介绍，具体内容包括筹码分布技术的基础认知、基本应用以及一些实用技法和实战应用。读者通过对这部分内容的学习，可以更加详细地了解筹码分布技术及其具体应用。

◆ 第二部分为第 4 至 5 章，主要介绍筹码形态与行情趋势变化的结合应用，具体内容包括筹码形态与趋势理论、波浪理论的结合应用。读者通过对这部分内容的学习，可以看懂趋势变化，顺势操作，规避下跌风险。

◆ 第三部分为第 6 至 7 章，主要介绍筹码分布技术、常见技术与技术指标的结合应用，具体内容包括筹码形态与 K 线的结合应用以及与 MA、MACD 这类常见技术指标的结合使用。读者通过对这部分内容的学习，可以更精准地找到买卖时机。

全书内容由浅入深、循序渐进。为了让读者能够更加直观、牢固地掌握相关实战应用技法，书中安排了大量的典型实例，并基于真实的行情走势，细致的分析，让读者感受到各种应用技法在实际操盘中的具体应用。此外，为了更加真实地还原筹码分布形态的实际效果，书中的配图均采用全彩印刷，让读者能够有更加真实的学习体验。

最后，希望所有读者通过对书中知识的学习，提升自己的炒股技能，获得更多的投资收益。但任何投资都有风险，也希望广大投资者在入市和操作过程中谨慎行事，规避风险。

编　者

2022 年 12 月

目　录

第 4 章　筹码形态与趋势理论结合实战

第5章　筹码形态与波浪理论结合实战

第6章　筹码形态与K线结合实战

第 7 章　筹码形态与技术指标组合

第 1 章

筹码分布技术基础认知

在股市投资中，"筹码"是非常重要的概念，投资者通过对筹码的形态变化进行分析，可以更加清楚股市变化的内在规律，提高获利的概率。那么，股市中的"筹码"到底指什么？它又是如何表现的呢？

1.1 筹码分布技术概述

筹码分析是股票分析理论中的一个重要分支。对于每只股票来说，在一定时期内，其流通盘一般都是固定的，无论流通筹码在盘中如何分布，其最终累计量必然等于总流通盘。

因此，通过筹码分析可以很好地反映个股的成本分布。在实战操作中，它可以准确地帮助投资者找到正确的操作手法。

> **知识拓展** *流通盘在什么情况下其总量会发生改变*
>
> 虽然说在一定时期内某只个股的流通盘是固定不变的，但是当公司增发新股、配股或者有限售股上市时，就会改变个股的流通股本，即个股的流通盘发生了改变。

1.1.1 筹码分布和筹码分布图要分清

筹码分布技术是炒股技术中非常重要的技术分析手段之一。对于不熟悉这门技术的投资者来说，首先要区别清楚筹码分布与筹码分布图到底是指什么。

（1）筹码分布

一般情况下，普通人对筹码的理解就是一种可以兑换成资金的代替交易物。在股市投资中，投资交易就是在不同价位阶段，不同投资者之间的持股数量与资金的相互转换。因此，在股市的这场博弈中，持股数量就是每个投资者的筹码。

在不同的价位阶段有不同的持股数量与资金进行交换，这些价格在不同时间点的分布数量就形成了股票在这一时间点的持仓成本大小。因此，"筹码分布"还有一个准确的学术名称——流通股票持仓成本分布。它反映的是在不同价位上投资者的持仓数量。

（2）筹码分布图

筹码分布图就是筹码分布状况的图形化展示。通过筹码分布图，更便于投资者对一段行情中筹码的分布情况进行具体分析，从而帮助投资者了解清楚当前主力的持仓成本，为制定买卖策略提供可靠的依据。

在炒股软件中的右下角单击"筹"按钮即可将右侧的盘口界面切换到筹码分布图界面，如图 1-1 所示。

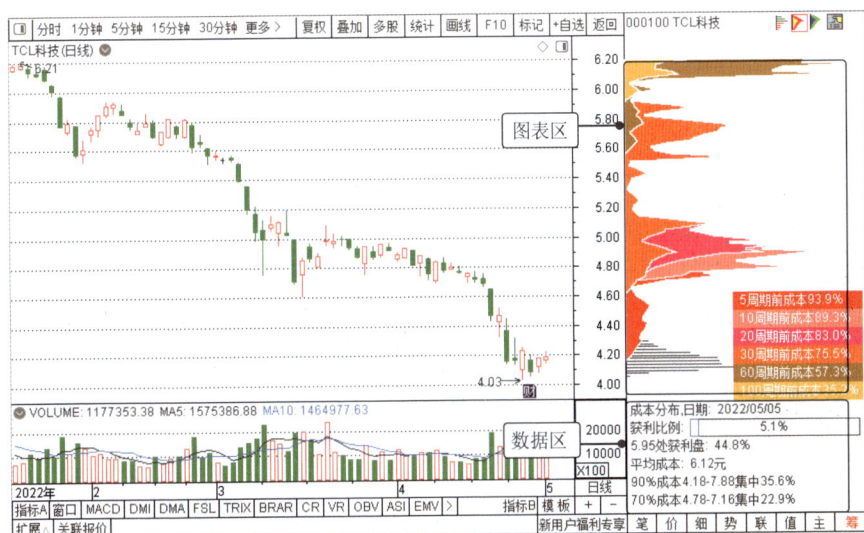

图 1-1　炒股软件中的个股筹码分布图

从图中可以看到，筹码分布图包括两个部分，即上方的图表区（俗称"火焰山"）和下方的数据区，下面分别来认识这两个区域。

◆　图表区

在通达信炒股软件中，默认情况下显示的是远期筹码分布，在这个分布图中，通过不同的颜色代表了不同时期的筹码分布结构，各种颜色代表的意义如下。

①金黄色：100 周期前的成本分布。

②暗黄色：60 周期前的成本分布。

③橙色：30 周期前的成本分布。

④紫红色：20 周期前的成本分布。

⑤粉红色：10 周期前的成本分布。

⑥大红色：5 周期前的成本分布。

在图表区中还可以看到一些黑色的柱线，这些柱线代表的是该股当日新产生的筹码分布情况，这种柱线在实际分析时的用处很有限。

需要特别说明的是，炒股软件有不同的配色方案，当日新产生的筹码分布显示的颜色不同。图 1-2 为炒股软件红黑配色方案，其软件的背景色为黑色，此时的柱线显示的是白色。

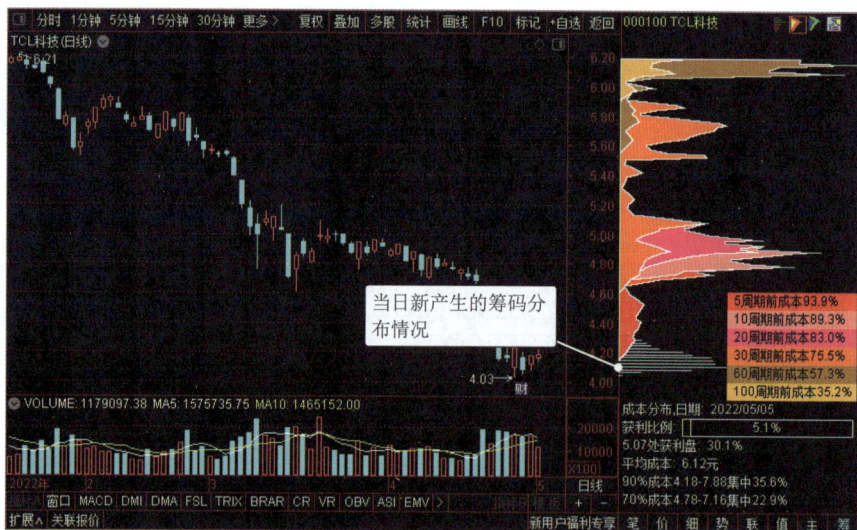

图 1-2　炒股软件中的个股筹码分布图（红黑配色方案）

需要特别说明的是，这里的周期是指当前 K 线图的时间周期，默认显示的是日 K 线图，这里的 100 周期就是指 100 个交易日之前的成本分布，如果切换到小时 K 线图，则表示 100 个小时之前的成本分布，其他项的意义以此类推。

◆　数据区

在筹码分布图的数据展示区中包含了多项数据，是筹码分析的重要内容，各项的意义见表1-1。

表 1-1　数据展示区各项数据介绍

数 据 项	含　　义
成本分布日期	用于显示当前鼠标光标停留的 K 线日期
获利比例	以当前价位（指鼠标光标停留处的 K 线价位）为基准，市场中获利盘的比例。获利比例越小，说明市场中处于亏损状态的投资者越多；反之，则说明市场中大多数投资者处于盈利状态
获利盘	以当前价位（指鼠标光标停留处的 K 线价位）卖出，可以获利的股票数量。这里的获利盘数据为百分比数据，表示该价位获利股票数量占该股票总流通股本的比例
平均成本	在当前价位（指鼠标光标停留处的 K 线价位）下，该股中筹码的平均买入成本
90%（或 70%）成本	不同持股成本的投资者中，90%（或 70%）的筹码所集中的价格区间，这代表了多数投资者的持股成本，可以作为后市操作的依据
集中	筹码在某个价格区间的密集程度，它可以反映出投资者的持股成本究竟在哪些价位，是发现股票潜在支撑位和压力位的重要指标

1.1.2　筹码分布图的本质是什么

个股行情的走势变化从表面上看是股票的价格涨跌变化，但是其内在本质却是市场中的筹码数量的变化。

换而言之，一轮行情的上涨与下跌主要是筹码在不同价位进行不断转换形成的，股价的上涨与下跌只是行情的表象，而筹码数量的转换才是其本质。

为了更好地理解这一过程，我们来看一个案例。

模拟筹码转换过程

假设某只股票的发行总量是 30 000 股（实际股票发行量会远大于此数值），现有 A、B、C 共 3 位股东，他们购买股票的方案如下。

A 股东在 7.00 元时买入 5 000 股，在 8.00 元时买入 3 000 股。

B 股东在 8.00 元时买入 9 000 股，在 9.00 元时买入 4 000 股。

C 股东在 10.00 元时买入 6 000 股，在 11.00 元时买入 3 000 股。

将这 3 位股东买入股票时的价格和股票数量绘制到一个坐标系中，以纵坐标轴表示价格，每个圆形代表 1 000 股，可以得到一个简单的筹码分布图示，如图 1-3 所示。

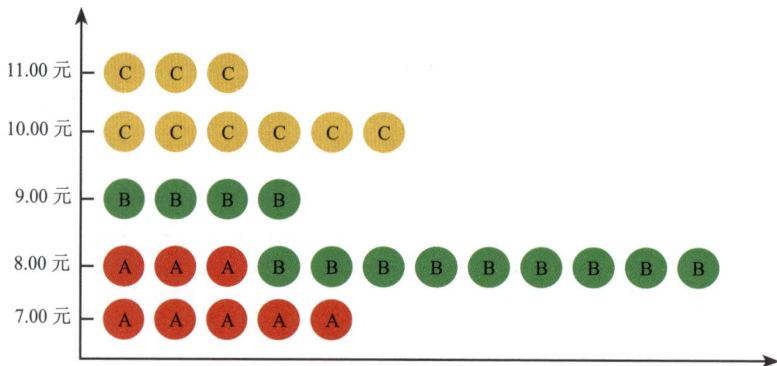

图 1-3　初始状态下 3 位股东的筹码分布情况示意图

从图 1-3 中可以看到，该股在 8.00 元价位上的筹码最多，有 12 000 股，其次依次是 10.00 元价位上的 6 000 股，7.00 元价位上的 5 000 股，9.00 元价位上的 4 000 股以及 11.00 元价位上的 3 000 股，总的筹码数量为 30 000 股。

随着该股行情的发展，股票交易不断进行，筹码也会在不同价位上进行转移。例如，B 投资者在 11.00 元时将 8.00 元的筹码全部卖出，被 D 投资者全部买进，8.00 元筹码会向 11.00 元转换 9 000 股，此时筹码分布示意图如图 1-4 所示。

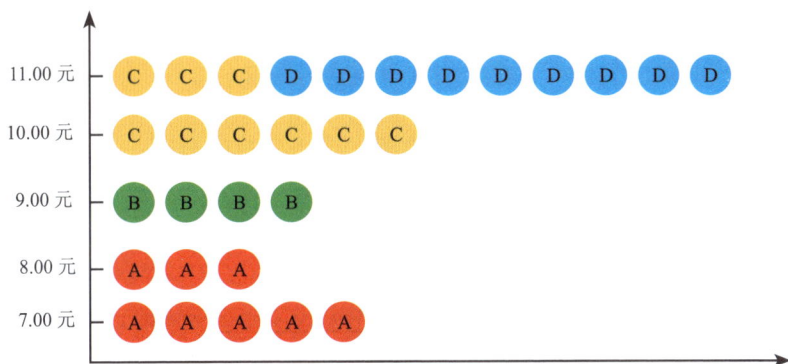

图 1-4 转换之后的股东筹码分布情况示意图

从图 1-4 中可以看出，转换后大部分筹码集中到了 11.00 元，但总筹码数量仍然保持在 30 000 股不变。

这也解释了我们前面所说的在股票流通盘固定的情况下，无论其价格如何变换，以及如何在不同的投资者之间转移，在一定时期内，其筹码总数始终是不变的，等于该股票当前的所有流通股本。

这里我们是通过特殊的数据来理解筹码转换的过程，在实际的股票交易过程中，行情软件已经将各价位的筹码进行了统计计算，并以图形的形式显示出来，这就是筹码分布图的本质。

1.2 筹码分布图的看点是什么

看筹码分布图的目的是分析股价未来可能的走势，以便能在股票投资中获利。对于筹码分布图的重要看点主要有两个：一是看懂不同的分布图，二是看懂筹码的集散度。下面具体来进行了解。

1.2.1 看懂不同的分布图

默认情况下，筹码分布图显示的是远期筹码分布情况，相关图形代表的意义我在前面已经介绍过了。在炒股软件中，还提供了另外两种筹码分布图，一种是盈利筹码与亏损筹码分布图，另一种是近期筹码分布图。

（1）盈利筹码与亏损筹码分布图

在筹码分布图的图表区单击右上角的第一个按钮即可切换到盈利筹码与亏损筹码分布图界面，如图 1-5 所示。

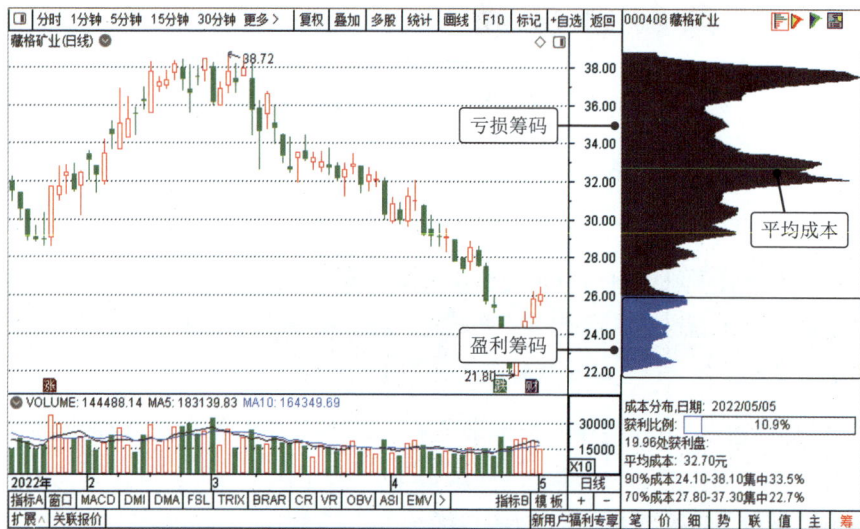

图 1-5　盈利筹码与亏损筹码分布图

在盈利筹码与亏损筹码分布图中，每一条线的长度代表持仓筹码（成本）在这一价位的比例。随着鼠标光标移动到不同的 K 线上，线条的长短会发生变化，指示不同时候的持仓成本分布状况。

通过这一条条的线条就构成了移动成本的分布结构。在移动成本分布图中，线条的颜色又分为黑色、蓝色和绿色，不同颜色代表的意义不同，具体介绍如下。

黑色线条。黑色线条表示在鼠标光标指向的 K 线当前股价下处于亏损的筹码，即投资者买入价格高于当前鼠标光标指向 K 线当日的收盘价，也称为套牢盘。

蓝色线条。蓝色线条表示在鼠标光标指向的 K 线当前股价下处于盈利的筹码，即投资者买入价格低于当前鼠标光标指向 K 线当日的收盘价，也称为获利盘。

绿色线条。这里的绿色线条颜色与 K 线图中的阴线颜色一致，表示市场中所有持仓筹码的平均成本。

如果是黑色背景的炒股软件，移动成本分布图中的线条颜色是不同的，此时图中的白色线条代表亏损筹码，黄色线条代表盈利筹码，市场所有持仓筹码的平均成本柱线与左侧 K 线图中阴线颜色一致，即为湖蓝色线条，如图 1-6 所示。

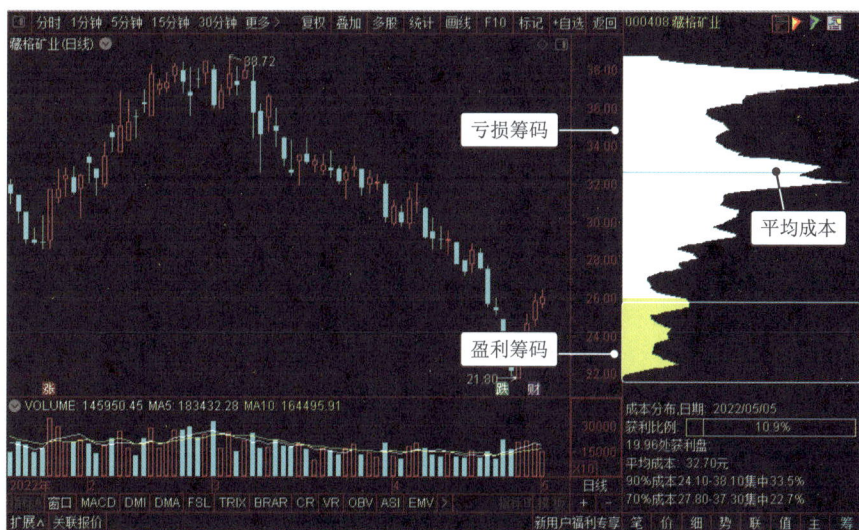

图 1-6　盈利筹码与亏损筹码分布图（黑色背景）

有些时候可能会听到黄白线图的说法，就是指的黑色背景的炒股软件中的盈利筹码与亏损筹码分布图。

（2）近期筹码分布图

近期筹码分布图将显示近期移动成本分布情况，在筹码分布图的图表区单击右上角的第三个按钮即可切换到该分布图界面，如图 1-7 所示。

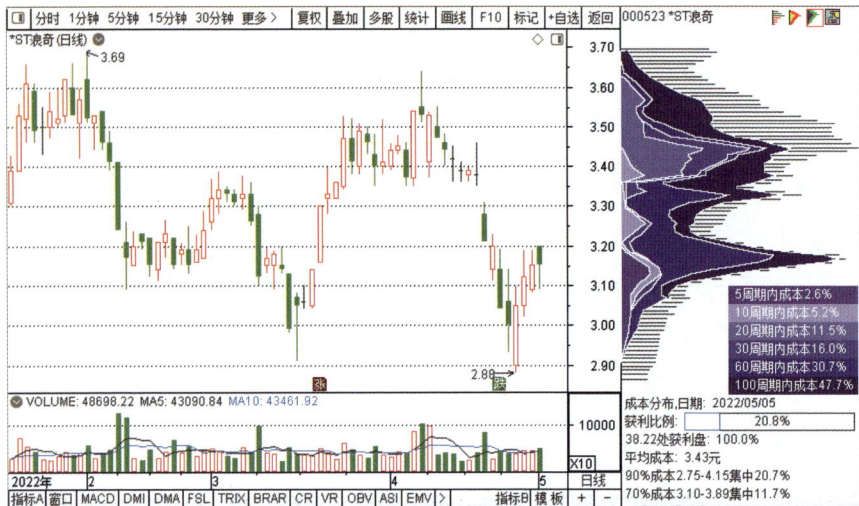

图1-7　近期筹码分布图

从图1-7中可以看到，近期筹码分布图和远期筹码分布图非常相似，也是用不同的颜色显示5、10、20、30、60、100周期内的成本分布，只是在近期筹码分布图中，显示的色彩是由浅蓝到深蓝，时间越短，蓝色越浅，时间越长，蓝色越深。越近时间的筹码分布比例越高，表示近期买入这只股票的资金越多。

知识拓展　设置筹码分布图

　　在筹码分布图的图表区单击右上方的第4个图标将打开"成本分布设置"对话框，在其中可以对移动成本分布图的计算方式、成本线划分精度、近期和远期成本分布图显示的内容等参数进行设置，建议一般不做更改。

1.2.2　看懂筹码的集散度

在筹码分布图中，每一条线段都代表一个成本，不同的线条堆积在一起会形成各种形态的图形，从集散度来看，筹码分布可分为密集形态和发散形态两种，具体意义如下。

（1）密集形态

当股票在某一价位区间上长时间停留，出现较大成交量时，筹码会集中到这一价位区域，对应的筹码分布图上会形成一个很高的山峰，其两侧基本没有筹码，这就是筹码分布的密集形态，这个山峰称为密集峰。

图 1-8 为学大教育（000526）2021 年 8 月至 2022 年 5 月股价在 15.00 元至 20.00 元价位区间长时间窄幅横向波动变化，使得大部分筹码集中到这一价位区间，形成了明显的密集峰形态。

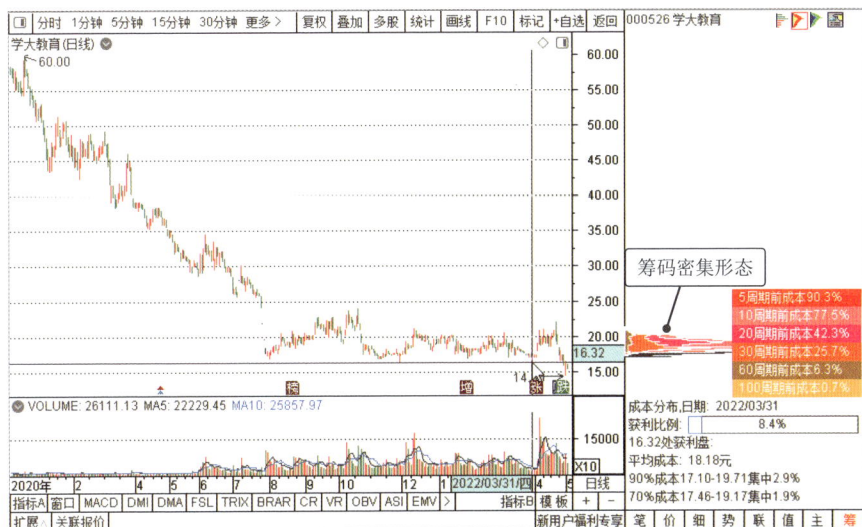

图 1-8　筹码密集峰形态

（2）发散形态

与密集形态相反，当股价在一个较大的价格区间波动时，筹码就会比较平均地分布在这些价格区间，从筹码分布图上来看，筹码分布范围很大，没有非常突出的高峰，这就是筹码分布的发散形态。

图 1-9 为穗恒运 A（000531）2022 年 4 月 27 日的筹码分布图，是典型的发散形态，筹码分布在 6.60 元至 11.30 元的价位区间，没有特别突出的山峰。

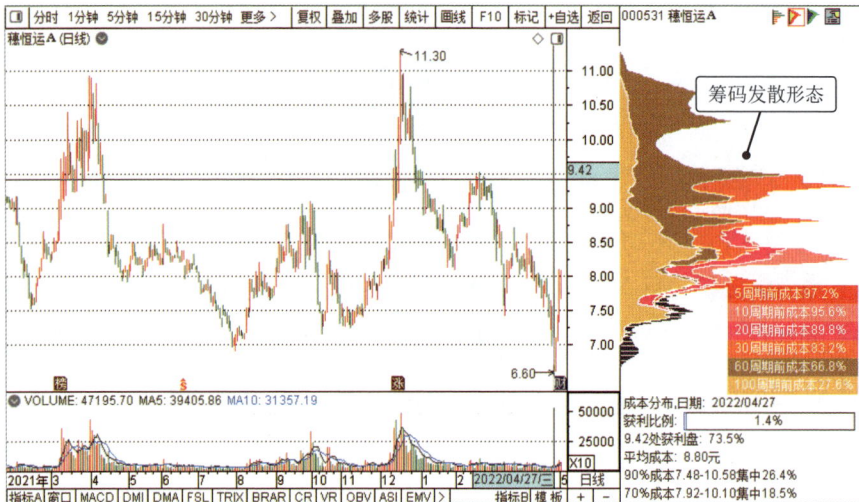

图 1-9　筹码发散形态

1.3　筹码分布图有何指导意义

运用筹码分布技术可以帮助投资者提高操盘的准确度，从而减少或者有效规避被套的风险，更安全地进行买卖操作。那么，分析筹码分布图对投资者来说到底有什么指导意义呢？具体作用总结起来有以下 4 点。

◆　分辨主力的持仓成本。

◆　判断股价的支撑和压力位置。

◆　研判行情的真正顶部和底部。

◆　理解主力操作过程。

下面分别对这四大作用进行介绍。

1.3.1　分辨主力的持仓成本

因为筹码分布图刻画的就是不同价位的筹码分布，因此分辨主力持仓成本是筹码分布图最直接的作用。

通常情况下，主力会在股价经历一大波下跌行情之后，在一个相对低位进行长时间的吸筹，而在股价走势上表现出来的就是横向整理。

股价在进行横向整理之前，筹码通常大多集中在高位，而在横向整理一段时间之后，高位筹码基本消失，特别是出现低位单峰筹码时，此时筹码的价位基本上就是主力的持仓成本。

如果投资者能准确判断主力的持仓成本，并在筹码尚未开始上移，或刚开始上移的初期及时跟进，则获利的可能性较大。

下面来看一个案例。

实例分析

利用筹码分布图分析海德股份（000567）中主力的持仓成本

图 1-10 为海德股份 2020 年 5 月至 2021 年 3 月的 K 线图。

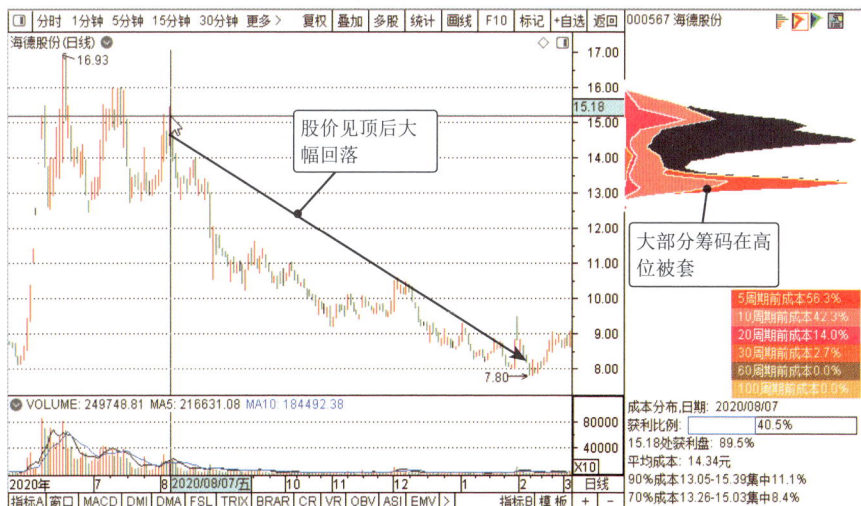

图 1-10　海德股份 2020 年 5 月至 2021 年 3 月的 K 线图

从图 1-10 中可以看到，该股上涨到 13.00 元后，在高位出现了横向盘整的走势，股价始终维持在 13.00 元至 16.00 元的价位区间。观察对应的筹码分布图可以发现，此时大部分筹码都集中在这一价位区间，而且都是新近筹码。

在 8 月底，股价向下跌破盘整区后进入了一波深幅下跌行情，在前期盘整区进入的筹码就被套在了高位。

图 1-11 为海德股份 2020 年 6 月至 2021 年 10 月的 K 线图。

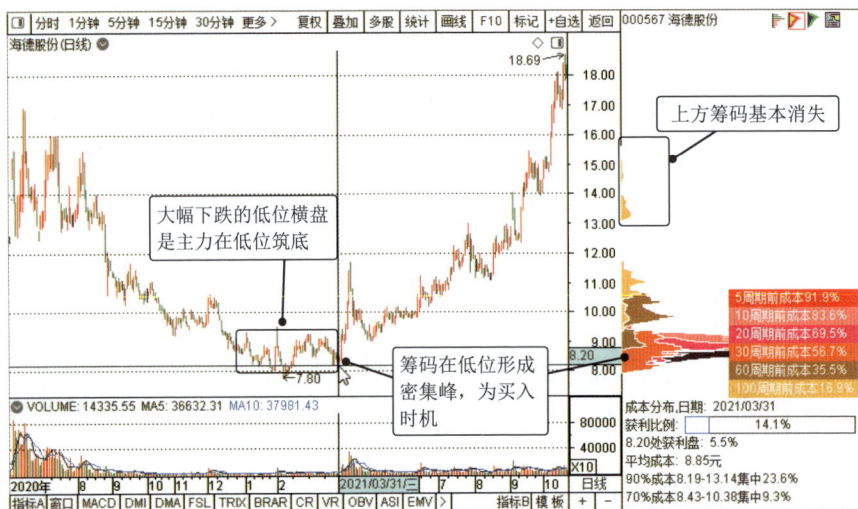

图 1-11　海德股份 2020 年 6 月至 2021 年 10 月的 K 线图

从图 1-11 中可以看到，随着股价的不断下跌，最终在 8.00 元价位线上方跌势减缓，之后在 8.00 元至 9.00 元价位区间横向整理，此时即为主力在大幅下跌的低价区域筑底。观察这一阶段的筹码分布图可以发现，此时上方高位筹码基本上都转移到了下方，并且在 8.00 元至 9.00 元的价格区间形成了一个非常明显的筹码密集峰。

这个筹码密集峰就是主力的持仓成本，一旦股价突破此筹码密集峰，就是股价上涨行情的开始，此时投资者也可以在此价位区间择机买进，持股待涨。

1.3.2　判断股价的支撑和压力位置

股价的走向与筹码的分布有着紧密的联系，通过筹码的分布状态可以得出股票在当前价位的支撑或压力的大小。

通常来说，在股价不断变化的过程中，筹码也会发生相应的移动，当股价在某个较小的区域震荡的时间较长，或者在某个位置的成交量巨大，在该位置就容易形成筹码密集区。

在某个位置形成的筹码密集区，当股价再次运行到这个价位遇到曾经的筹码密集区时就会产生支撑或压力作用。

（1）筹码密集区对股价的回落起支撑作用

在上涨行情中，当股价运行到阶段性的高位出现回落走势，在回落过程中，浮筹被主力全部吸收，筹码被高度集中到主力手中。当股价回落遇到之前形成的筹码密集区时，股价就会受到支撑而止跌，并延续上涨行情。

下面来看一个案例。

实例分析

利用筹码分布图分析古井贡酒（000596）股价回落的支撑

图1-12为古井贡酒2019年2月至2020年1月的K线图。

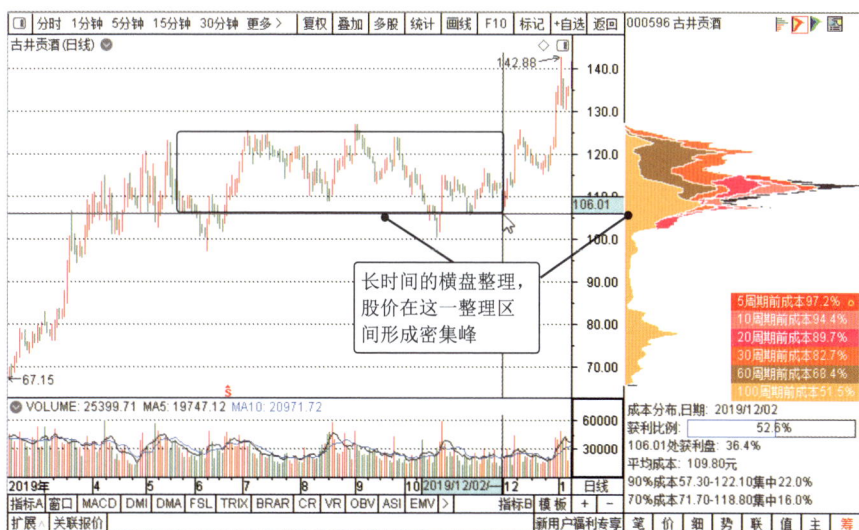

图1-12　古井贡酒2019年2月至2020年1月的K线图

从图 1-12 中可以看到，该股经过一波上涨后在 100.00 元至 125.00 元价位线区间进入一个横向整理阶段，股价始终受到 125.00 元价位线的压制。

观察这一阶段的筹码分布图，可以看到经过长期的横向整理，主力充分清理浮筹，在这一价位区间形成了一个明显的单峰密集区。

图 1-13 为古井贡酒 2019 年 4 月至 2020 年 7 月的 K 线图。

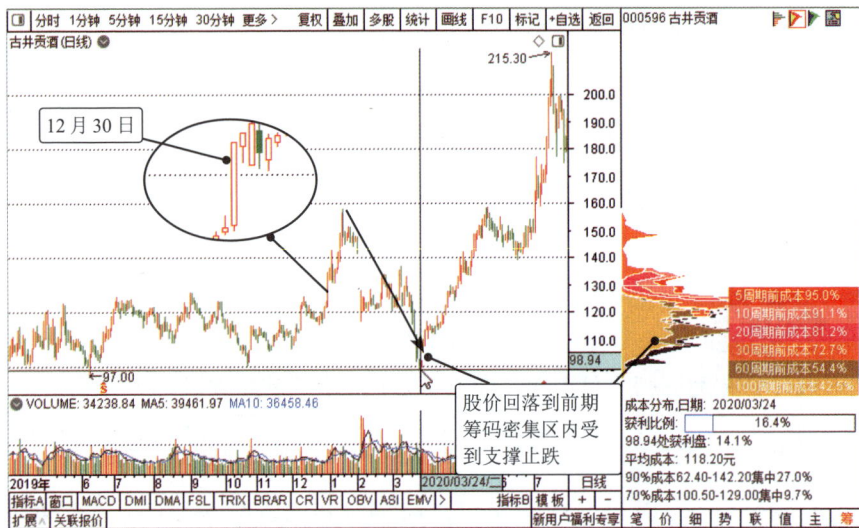

图 1-13　古井贡酒 2019 年 4 月至 2020 年 7 月的 K 线图

从图 1-13 中可以看到，该股在 2019 年 12 月 30 日以涨停大阳线拉升股价突破 125.00 元的价位线，短短上涨几个交易日后股价又步入一个下跌回调过程中。

当股价再次下跌到 100.00 元左右后遇到了前期形成的筹码密集区，由于在前期该股已经经过一段较长时间的整理，主力已经将大部分持仓成本控制到 100.00 元至 125.00 元的价位区间，因此此时的筹码密集区将对此轮回调下跌起到强有力的支撑作用。

只要投资者分辨出该筹码密集区对股价的支撑作用，就可以在股价回调跌至 100.00 元附近时择机买入。

事实上，该股最终也在 3 月 23 日创出 99.01 元的最低价后止跌回升，随后在三四个月的时间内，股价被快速拉高创出 215.30 元的阶段高价，出现翻倍上涨行情。

（2）筹码密集区对股价的反弹起压制作用

在下跌行情中，当股价运行到阶段性的底部出现向上反弹走势，股价反弹遇到之前形成的筹码密集区时，筹码密集区会对股价的继续反弹上涨产生压制作用，如果此时没有很好的量价配合，股价就可能因为受到压制而结束反弹，并重新步入下跌。

下面来看一个案例。

实例分析

利用筹码分布图分析丰乐种业（000713）股价反弹的压制

图 1-14 为丰乐种业 2020 年 11 月至 2021 年 2 月的 K 线图。

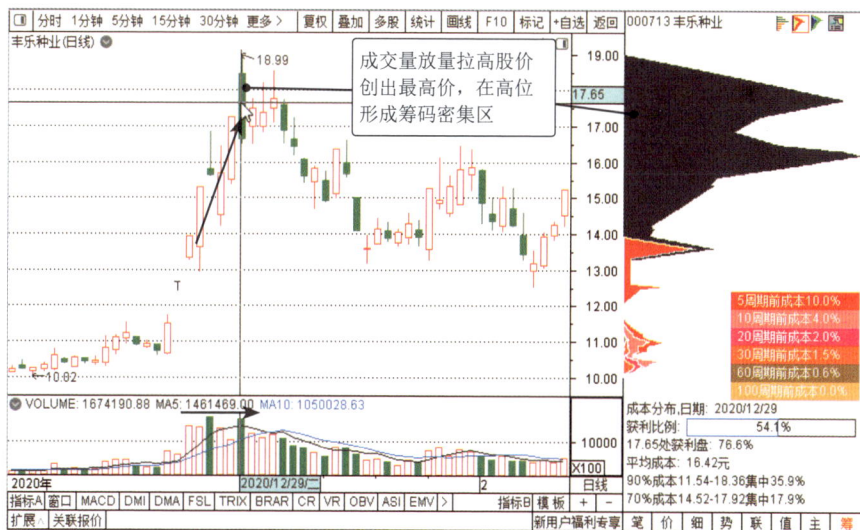

图 1-14　丰乐种业 2020 年 11 月至 2021 年 2 月的 K 线图

从图 1-14 中可以看到，该股经过大幅上涨后在 2020 年 12 月底运行到阶段性的高位，此时股价不断上涨，成交量却出现量平走势。

但是，此时的成交量相对于前期拉升来说，呈现明显的大量能，股价在这一量平价增过程中，虽然下方还有不少的低位筹码，但此时在高位 14.00 元至 19.00 元的价位区间形成新的密集区域且异常大。

随后股价见顶回落步入下跌调整，最终在 2021 年 2 月上旬止跌反弹，此轮反弹究竟是否能够延续上涨行情呢？我们从这一时间段的筹码分布图来进行分析。

图 1-15 为丰乐种业 2020 年 1 月至 6 月的 K 线图。

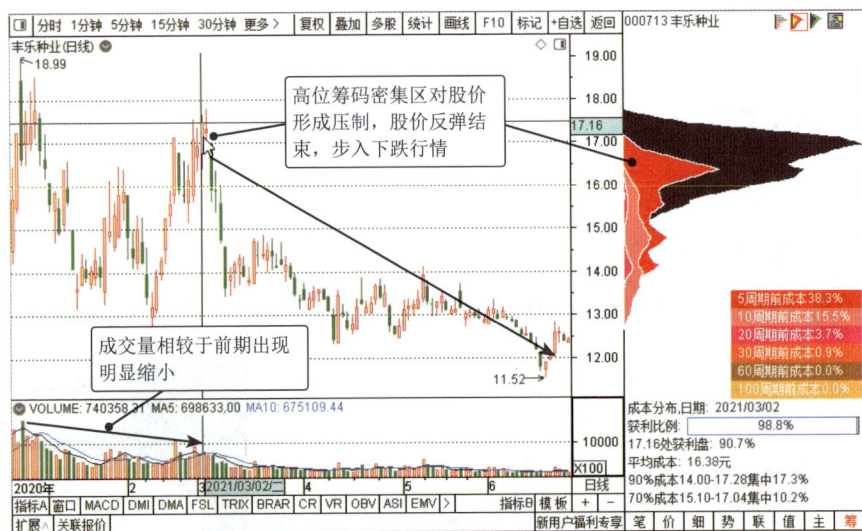

图 1-15　丰乐种业 2020 年 1 月至 6 月的 K 线图

从图 1-15 中可以看到，该股反弹至 17.00 元价位线后出现横向震荡行情，观察此时的筹码分布图可以看到，大部分筹码都向上移动了，下方低位筹码基本上都消失完了，对应近期反弹的成交量相较于前期股价高位区域的成交量来说也出现了明显的缩小，在无量配合的情况下，前期形成的筹码密集区将对股价反弹上涨形成明显的压制。

最终股价在 17.00 元的价位线附近震荡一段时间后步入快速下跌行情。如果投资者没有分辨出筹码密集区对股价形成的压制作用，盲目追涨，将面临重大的损失。

1.3.3　研判行情的真正顶部和底部

股价的运行过程都是波动前行的，每个波峰都可以看作是一段时间内的顶部，每个波谷也可以看作是特定时间段的底部，而从更大一级的行情来看，这些波峰或者波谷可能不是此轮行情真正的顶部或者底部，也有很多投资者因为判断了错误的顶部或底部，从而错失行情或者被套。

要判断股价更长远的顶部或底部，最大程度提高收益或降低被套风险，就需从筹码的分布图入手。

因为经过长期震荡或者放大量形成的筹码分布密集区，无论是在牛市还是熊市中，都是很难被突破的，而股价的大顶或大底，往往就出现在这些位置附近。

下面来看一个案例。

实例分析

利用筹码分布图分析沃华医药（002107）股价的真正顶部

图 1-16 为沃华医药 2019 年 6 月至 2020 年 4 月的 K 线图。

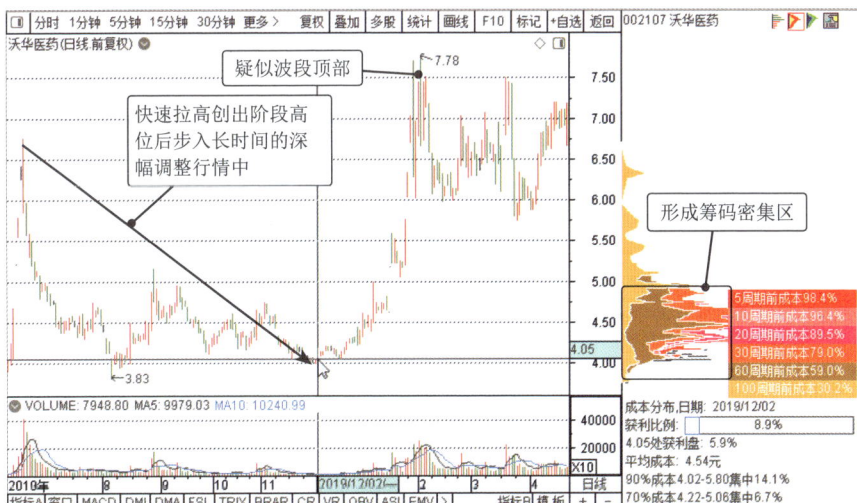

图 1-16　沃华医药 2019 年 6 月至 2020 年 4 月的 K 线图

从图 1-16 中可以看到，该股在 2019 年 6 月底有过一波急速拉升行情，股价在触及 6.50 元的价位线后滞涨回落，步入一波深幅调整行情中，整个调整幅度非常大，持续时间也很长，几乎将前期快速拉升全部跌完。

在 2019 年 12 月左右，股价有企稳的迹象，观察 2019 年 12 月 2 日的筹码分布图可以发现，此时在 6.50 元高位的筹码很少，大部分筹码在此轮回调中都集中到 4.50 元左右，并在此价位附近形成筹码密集区，说明此时该股大部分的成本在此价位附近。

股价企稳后再次进入拉升上涨的行情中。此轮上涨最终在 2020 年 2 月 4 日创出 7.78 元的阶段性高价后再次步入一个调整阶段，且股价始终受到 7.00 元价位线的压制，此时是否为行情的顶部呢？

下面观察创出新高后的筹码分布图。

图 1-17 为沃华医药 2020 年 2 月 5 日的筹码分布图。

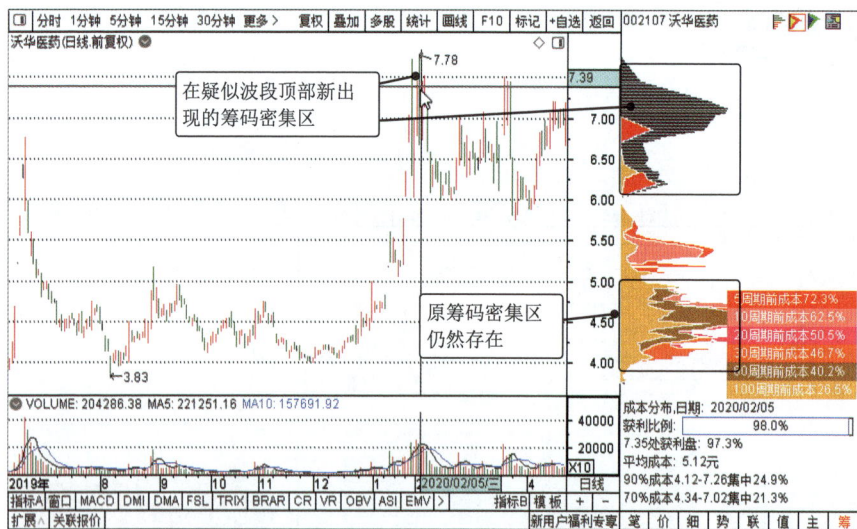

图 1-17　沃华医药 2020 年 2 月 5 日的筹码分布图

从图 1-17 中可以看到，在该股创出 7.78 元的最高价后，在 6.00 元至 7.50 元这个价位区间新增了许多筹码，并形成新的密集区。

但是观察此时下方筹码，4.50 元附近的筹码密集峰仍然存在，而且很明显，说明此时下方的主力成本暂时还没有打算抛售的意图，因此后面会继续看好，此时的 7.78 元只是阶段性的顶部，并不是行情真正的顶部，因此投资者可以继续持股。

图 1-18 为沃华医药 2019 年 12 月至 2021 年 4 月的 K 线图。

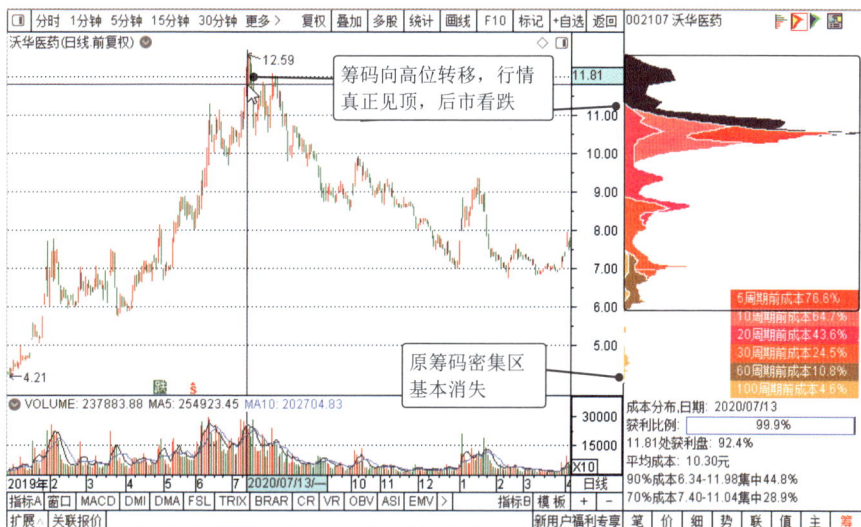

图 1-18 沃华医药 2019 年 12 月至 2021 年 4 月的 K 线图

从图 1-18 中可以看到，随后该股在 6.00 元价位线上止跌，该股重拾升势继续走出一波大幅上涨行情，创出 12.59 元的新高。

观察此时的筹码分布图可以发现，筹码已经集中到 6.00 元上方，且下方 4.50 元的筹码基本上都兑现了，说明前期主力已经在最后一轮的上涨过程中逐步将手中筹码转换到了高位接盘的散户手中，预示着行情的顶部已经出现了，此时投资者要果断离场，否则在随后的漫漫跌途中将损失惨重。

1.3.4 理解主力操作过程

主力的操作过程实际上就是对股票筹码的操作过程，筹码不断地在主力和散户之间移动转换，同时导致价格不断变化。

我们都知道，主力在操作一只股票时都会经历建仓、清理浮筹、拉升和出货 4 个阶段。

相应的，股价走势就会呈现出筑底、上升、见顶和回落 4 个阶段，在这个过程中股价和筹码分布结构是如何变化的呢？我们通过如图 1-19 所示的示意图来理解。

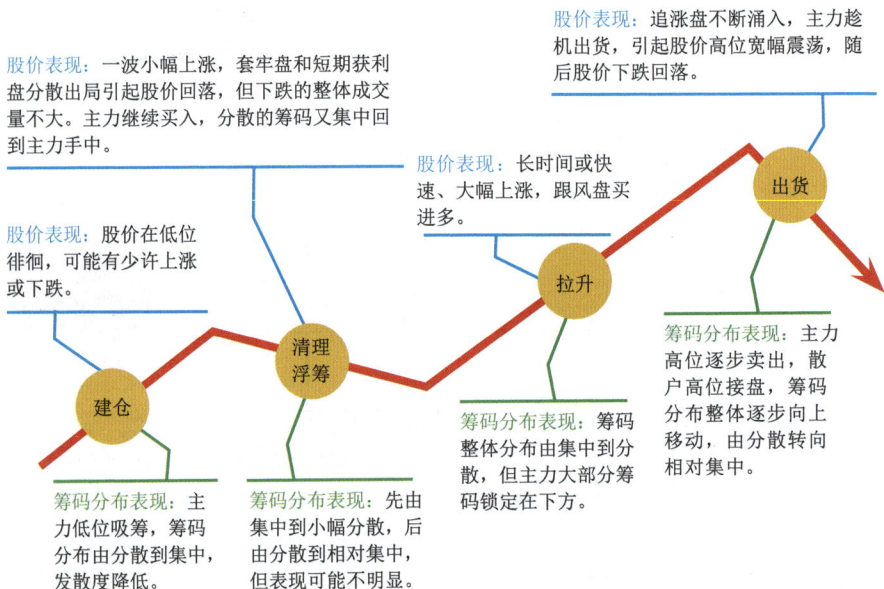

股价表现：追涨盘不断涌入，主力趁机出货，引起股价高位宽幅震荡，随后股价下跌回落。

股价表现：一波小幅上涨，套牢盘和短期获利盘分散出局引起股价回落，但下跌的整体成交量不大。主力继续买入，分散的筹码又集中回到主力手中。

股价表现：长时间或快速、大幅上涨，跟风盘买进多。

出货

股价表现：股价在低位徘徊，可能有少许上涨或下跌。

拉升

筹码分布表现：主力高位逐步卖出，散户高位接盘，筹码分布整体逐步向上移动，由分散转向相对集中。

清理浮筹

建仓

筹码分布表现：筹码整体分布由集中到分散，但主力大部分筹码锁定在下方。

筹码分布表现：主力低位吸筹，筹码分布由分散到集中，发散度降低。

筹码分布表现：先由集中到小幅分散，后由分散到相对集中，但表现可能不明显。

图 1-19　主力操作阶段股价与筹码分布的表现

从图 1-19 中我们可以非常清楚地看到，个股的股价和筹码分布的变化都是非常有规律的循环体。

股价变化：上涨→下跌→上涨→下跌……

筹码分布变化：分散→集中→分散→集中→分散→集中→分散……

第 2 章

筹码分布形态基本应用

　　在筹码分布技术的应用中，筹码分布形态是投资者首先要掌握的内容。不同筹码分布形态对应了不同的市场意义，通过研判筹码分布形态，可以帮助投资者更加精准地研判股价的运行趋势。

2.1 筹码分布图的 4 种基本形态

筹码分布形态是投资者运用筹码分布技术研判主力持仓成本的基础。对于筹码分布形态，应用得比较多的有筹码高位密集形态、筹码低位密集形态、筹码低位锁定形态以及双峰形态的筹码分布 4 种，下面分别对其进行介绍。

2.1.1 筹码高位密集形态

筹码高位密集形态是指股价经过一段时间的上涨后达到相对高位并持续一段时间，或者成交量大幅增加，使得大量筹码向高位聚集，并形成一个筹码的相对密集区。

高位密集形态通常表明经过前期的大涨，低位筹码获利较大，已在高位逐步出场，使得筹码逐步向高位转移。

当筹码在高位形成密集区，特别是出现单峰密集形态时，要提高警惕随时准备离场。若此时再观察到短期（5、10 周期内）筹码大量增加，而下方低位筹码快速消失，投资者更应果断离场。

下面来看一个案例。

实例分析

特发信息（000070）筹码高位密集分析

图 2-1 为特发信息 2018 年 9 月至 2019 年 7 月的 K 线图。

从图 2-1 中可以看到，该股在大幅上涨到 18.00 元的价位线后受阻回落，之后在 14.00 元至 18.00 元横盘运行。2019 年 4 月 23 日，股价放量冲高创出 20.33 元的最高价，当日以 3.9% 的涨幅收出带长上下影线的阴线。

观察此时的筹码分布图可以发现，下方低位筹码几乎消失，筹码在高位出现密集形态，说明了随着股价的上涨，主力已将手中的低位筹码转换到了散户手中，行情见顶，后市看跌。

同时观察获利比例，此时为 82.4%，说明市场中有很大部分筹码处于获利阶段，在股价大幅上涨的高价位区，且此时已经出现了明显的上涨乏力走势，这部分投资者随时都有可能获利了结，从而形成强大的抛压，更加可以确信股价难以突破前期高点，行情大概率已经见顶，此时投资者应果断抛售出局，规避后市的下跌风险。

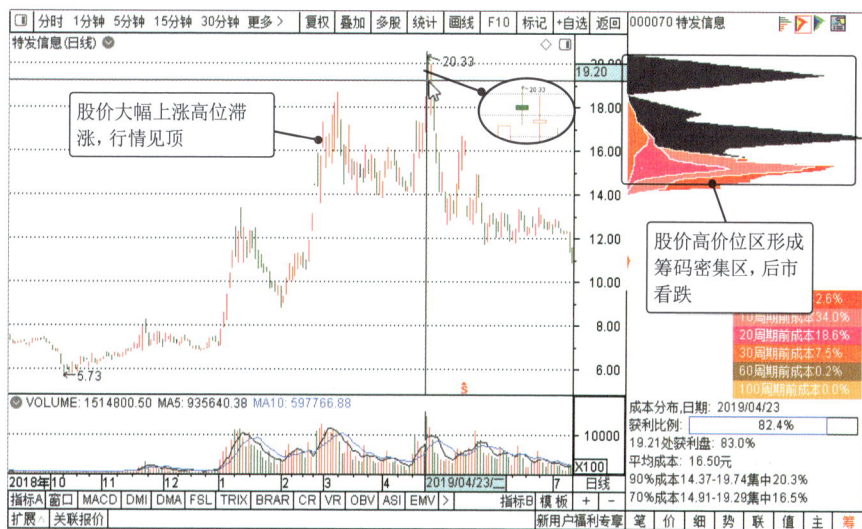

图 2-1　特发信息 2018 年 9 月至 2019 年 7 月的 K 线图

图 2-2 为特发信息 2019 年 3 月至 2022 年 4 月的 K 线图。

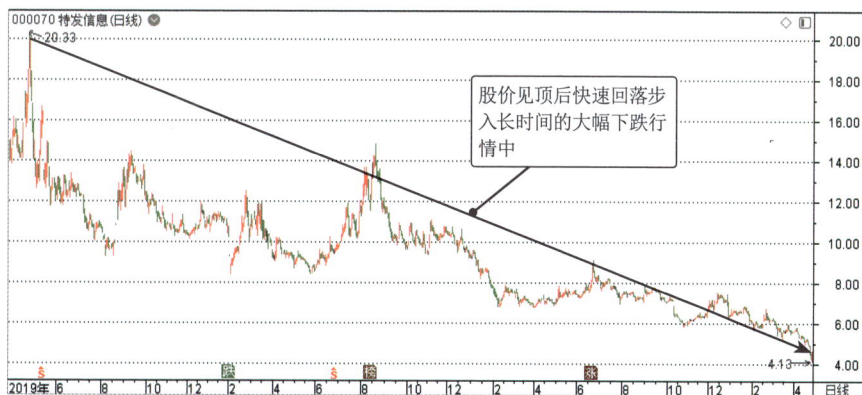

图 2-2　特发信息 2019 年 3 月至 2022 年 4 月的 K 线图

从图 2-2 中可以看到，该股在 2019 年 4 月 23 日创出 20.33 元的股价后快速见顶回落，开启了一波深幅下跌行情，并在 2022 年 4 月 27 日创出 4.13 元的低价，跌幅近 80%。如果投资者在前期分析出高位筹码密集峰的抛压后没有果断离场，将损失惨重。

2.1.2　筹码低位密集形态

筹码的低位密集形态是指股价经历过一段较大幅度或较长时间的下跌行情后，在一个相对比较低的位置企稳横盘或者低位震荡，使得上方的筹码大量转移到此位置，形成低位筹码密集区。造成这种情况的主要原因是主力在低位大量吸筹所致，此时投资者可积极跟进，买在上涨行情的初期。一旦股价向上突破筹码密集区，就是行情拉升的开始。

下面来看一个案例。

实例分析

湖北宜化（000422）筹码低位密集分析

图 2-3 为湖北宜化 2019 年 4 月至 2021 年 3 月的 K 线图。

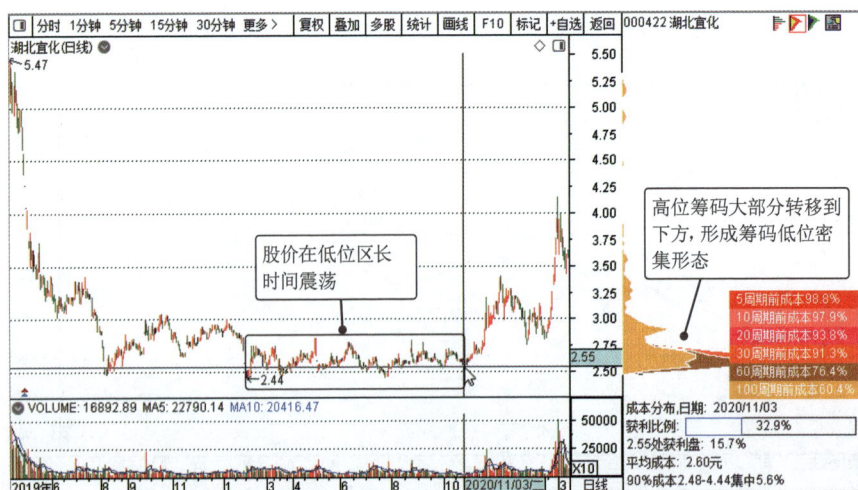

图 2-3　湖北宜化 2019 年 4 月至 2021 年 3 月的 K 线图

从图 2-3 中可以看到, 该股大幅下跌到低价位区后在 2020 年 2 月初创出 2.44 元的最低价后股价在低位出现了长时间的震荡走势, 股价在 2.50 元至 3.00 元之间波动变化, 整个震荡时间持续了近一年。

观察此时对应的筹码分布图可以发现, 经过长时间的波动变化, 高位的大部分筹码基本上都转移到了下方, 并在 2.50 元至 3.00 元的价格区间形成低位密集区。说明经过近一年的低位震荡走势, 主力吸筹充分。

图 2-4 为湖北宜化 2020 年 6 月至 2021 年 6 月的 K 线图。

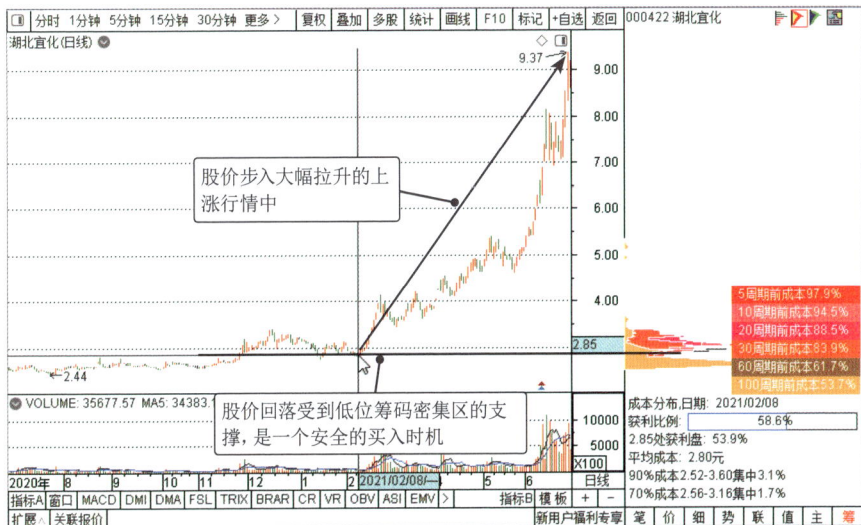

图 2-4 湖北宜化 2020 年 6 月至 2021 年 6 月的 K 线图

从图 2-4 中可以看到, 该股在 2020 年 11 月中旬左右放量拉升股价突破筹码密集区后开启上涨, 但是股价上涨到 3.50 元左右后出现缩量回落, 最终在前期低位筹码密集区位置获得支撑, 在 3.00 元价位线附近止跌回升步入长时间的大涨行情中。

如果投资者在 2020 年 11 月左右分析筹码形态, 发现了筹码在低位集中后积极跟进, 可以买在低位。稳健的投资者在股价突破低位筹码密集区后的回落阶段再次受到低位筹码密集区的支撑后果断逢低买进, 持股一段时间后, 在随后的任何时间点卖出, 都将获得相应的收益。

2.1.3 筹码低位锁定形态

筹码低位锁定形态是指股价经历一波大幅下跌行情或低位长期震荡后在低位形成了密集区，但是随着股价反转上涨，大部分低位筹码始终保持在低位区，不出现向上移动的情况。

单就筹码的形态而言，筹码的低位密集和低位锁定看上去几乎是相差无几的，不同之处要从筹码分布图的股价趋势来看。

前者是在股价经历一波大幅下跌行情或低位长期震荡后在低位形成的密集区，此时股价处于下跌行情底部或上涨行情初期；后者的当前股价是处于主力的拉升过程中，在这一波拉升行情的前期低位形成的密集区没有上移到当前拉升上涨的股价中。

二者的示意图如图 2-5 所示。

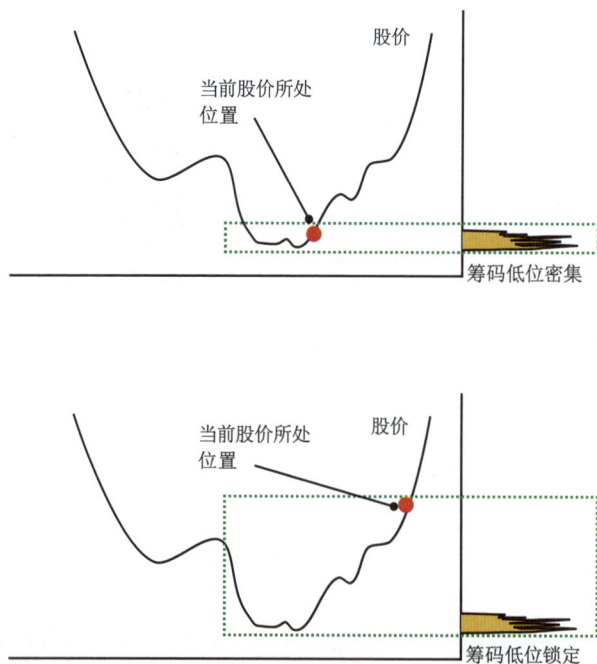

图 2-5　筹码低位密集与筹码低位锁定示意图对比

　　筹码低位锁定是该股有主力进入的重要标志，是非常值得关注的一种形态。在这种形态下，投资者不要轻易抛出，除非下峰已尽，顶部出现明确的卖出信号。

　　下面来看一个案例。

实例分析

ST 红太阳（000525）筹码低位锁定分析

　　图 2-6 为 ST 红太阳 2021 年 4 月至 2022 年 3 月的 K 线图。

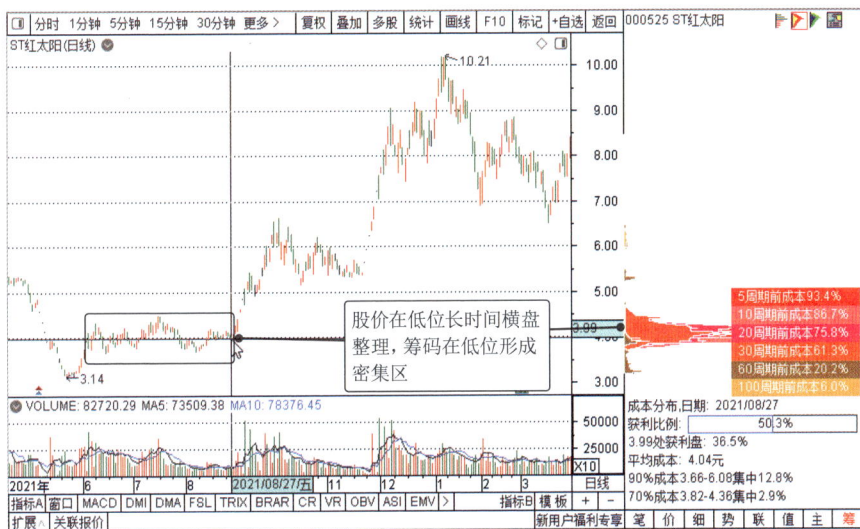

图 2-6　ST 红太阳 2021 年 4 月至 2022 年 3 月的 K 线图

　　从图 2-6 中可以看到，该股在一波快速下跌后于 2021 年 5 月下旬创出 3.14 元的最低价，之后在成交量的温和放量推动下，股价企稳回升步入上涨，在上涨到 4.00 元价位线附近后滞涨。

　　随后股价在该价位线附近经历了 3 个多月的横盘整理，将筹码大部分集中到 3.50 元至 4.50 元的价格区间，形成低位密集峰，表明在长时间的横盘整理过程中，筹码大部分被集中到主力手中。

　　图 2-7 为 ST 红太阳 2021 年 7 月至 2022 年 1 月的 K 线图。

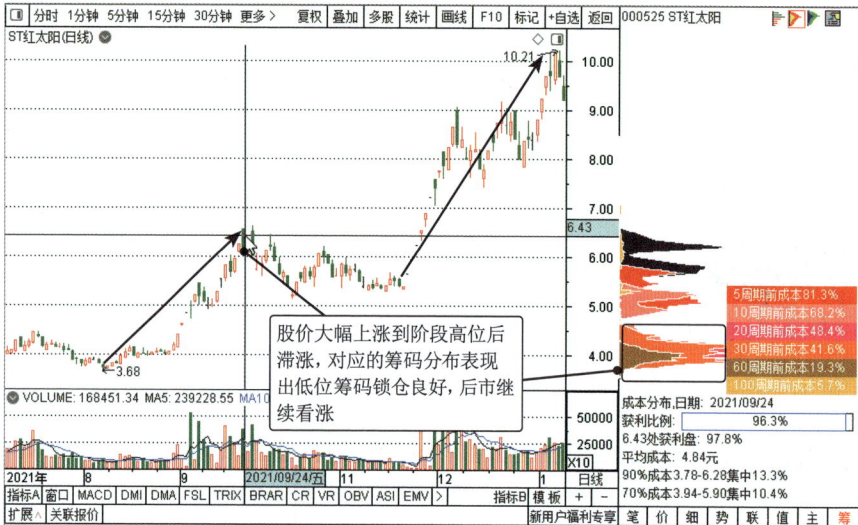

图 2-7　ST 红太阳 2021 年 7 月至 2022 年 1 月的 K 线图

从图 2-7 中可以看到，该股在 2021 年 8 月上旬创出 3.68 元的阶段低价后止跌，之后股价间歇性地放量拉升股价步入上涨。

从 K 线图上可以看到，K 线多次出现涨停大阳线、一字 K 线等形态，并且多次出现跳空缺口，显示出股价的强势上涨。但是在股价上涨到 6.50 元价位线时出现了滞涨行情。

观察此时对应的筹码分布图可以发现，虽然近期在 5.00 元价位线上方出现了一些新的筹码分布结构，但是下方 3.50 元至 4.50 元价格区间的低位筹码几乎没有变动，还是保持在原有位置。

这就是典型的筹码低位锁定形态，是判断该股有主力操作的重要标志，只要主力不撤，散户就不跑。

2.1.4　双峰形态的筹码分布

双峰形态的筹码分布是指在筹码分布图上，筹码分布结构呈现出两个明显的密集山峰，其中，高位的密集峰称为“高位峰”或“上峰”，处于低位的密集峰称为“低位峰”或“下峰”，如图 2-8 所示。

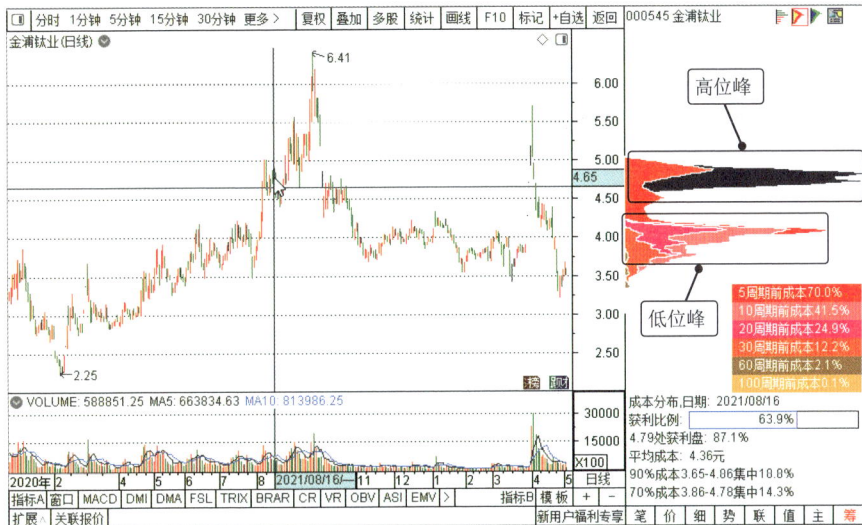

图 2-8 筹码双峰形态

在不同的行情中形成的双峰形态，其市场指导意义和投资策略都不同，下面具体来进行介绍。

（1）上涨双峰

在上升途中出现横向或震荡走势后，前期获利盘在此时会纷纷抛售，筹码结构上会形成一个密集峰，该密集峰与前期低位区的建仓筹码峰形成上涨双峰形态。

当上涨双峰出现后，高位峰对股价突破继续上涨有压制作用，而低位峰对股价破位下跌有支撑作用。

◆ 如果此时低位峰筹码数量更多，则说明下方支撑强劲，高位峰容易被突破，中长线投资者仍可以持股待涨。对于稳健的投资者，可以在股价上涨到高位峰时逢高抛售。当股价下跌到低位峰附近时逢低吸纳，勇敢追涨。

◆ 如果此时高位峰筹码数量更多，则表明上方的压力强，此位置很可能出现震荡筑顶走势，投资者要果断抛售。

下面来看一个案例。

实例分析

泸州老窖（000568）上涨双峰操盘分析

图2-9为泸州老窖2019年4月至2020年8月的K线图。

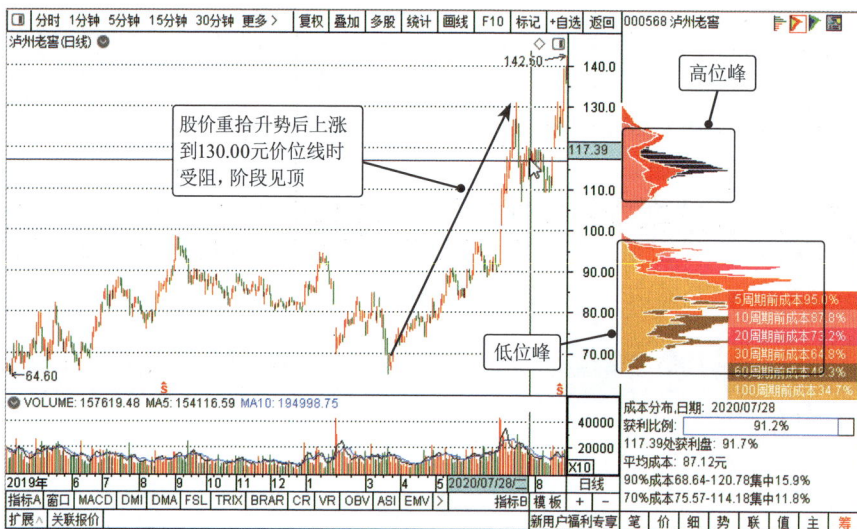

图2-9　泸州老窖2019年4月至2020年8月的K线图

从图2-9中可以看到，该股在2019年9月初上涨到100.00元价位线下方时受阻，随后股价经历了一波震荡回落的走势，最终在70.00元价位线附近止跌重拾升势。这一波涨势相对前面的涨势更强劲，尤其在2020年3月底创出64.88元的低价后企稳回升步入震荡上涨行情中。

最终在2020年7月连续9根阳线的推动下，该股冲破120.00元价位线，直逼130.00元价位线。但是很快在130.00元上受阻回落，之后股价始终维持在110.00元至120.00元价位线之间震荡变化。

观察此时的筹码分布图可以发现，在进入震荡行情后，该股在110.00元价位线上下出现了明显的筹码密集峰，其与下方70.00元至100.00元的低位密集峰形成明显的上涨双峰形态。

而且此时低位峰明显比高位峰数量多，说明下方支撑强劲，后市继续看涨。最终股价下跌到 110.00 元价位线止跌回升再次上涨。

图 2-10 为泸州老窖 2020 年 6 月至 2021 年 2 月的 K 线图。

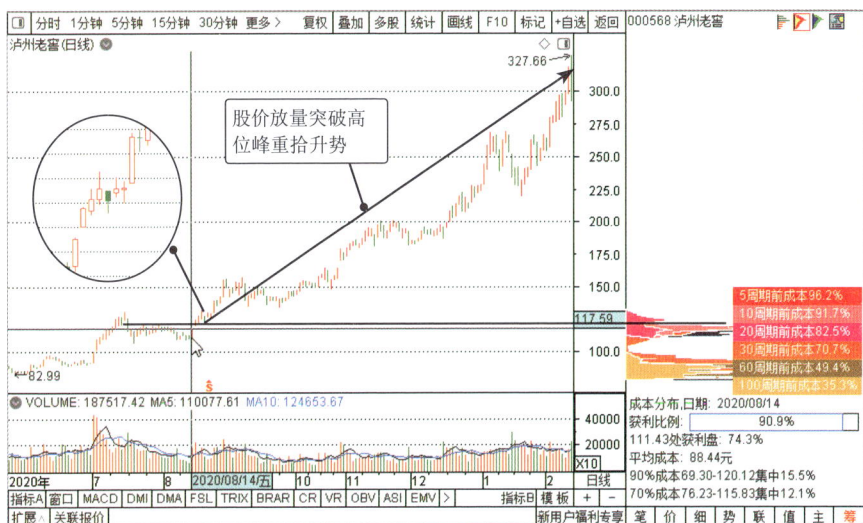

图 2-10　泸州老窖 2020 年 6 月至 2021 年 2 月的 K 线图

从图 2-10 中可以看到，该股在 2020 年 8 月中旬连续收阳，期间多次出现大阳线，成交量也呈现温和放大的走势，使得股价向上突破上涨双峰的高位峰重新进入上涨行情中。之后股价震荡上涨，一路上涨到 327.66 元的最高价。

如果投资者未能在股价下跌到上涨双峰的低位峰附近止跌时买进，那么在股价向上放量突破上涨双峰的高位峰时也应该大胆逢低吸纳，持股一段时间后将会获利颇丰。

（2）下跌双峰

在下跌途中出现横向或震荡走势后，抄底资金的介入会形成一个密集峰，该密集峰与前期高位接盘追涨的筹码峰就形成下跌双峰形态。

当下跌双峰出现后，高位峰对股价的反弹上涨具有压制作用，而低位密集峰对股价破位下跌有支撑作用。

- 如果此时低位峰的筹码数量越来越多，则该价位的支撑就很强，容易引发反弹行情，此时投资者可以逢低吸纳，在股价上涨到高位峰时，抛售出局，抢反弹。

- 如果此时高位峰的筹码数量更多，则下跌势能更大，个股容易破位下跌，投资者不宜过早短线入场。

下面来看一个案例。

实例分析

广州浪奇（000523）下跌双峰操盘分析

图2-11为广州浪奇2019年12月至2021年2月的K线图。

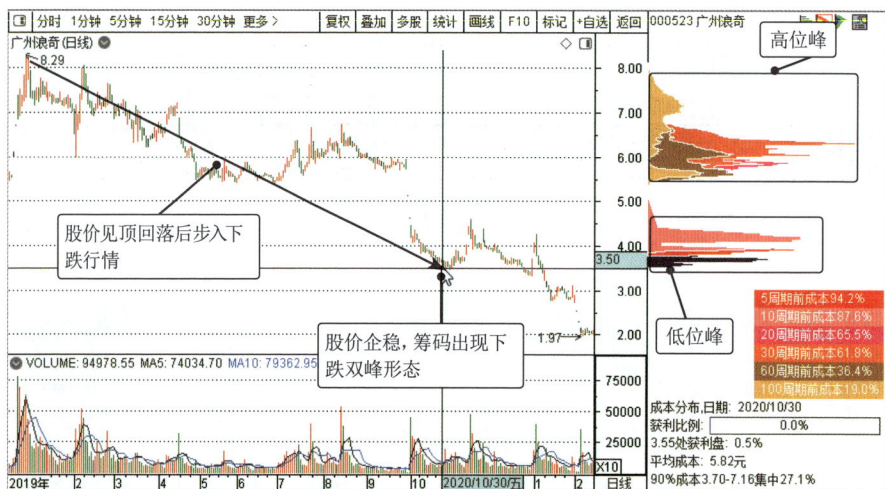

图2-11　广州浪奇2019年12月至2021年2月的K线图

从图2-11中可以看到，该股在2019年12月19日创出8.29元的高价后见顶回落步入下跌行情，股价一路震荡下行。在2020年4月中旬左右，股价出现止跌，之后该股经历了长时间的小幅反弹行情，股价最终在10月初跌破横盘支撑位出现暴跌，使得股价快速被打到3.50元价位线附近后止跌，在随后几个交易日股价企稳，筹码分布图形成了明显的下跌双峰形态。

观察此时的双峰形态，发现低位峰数量明显比高位峰数量少，因此这段企稳的反弹行情不可期，投资者最好不要执行抢反弹操作。

图 2-12 为广州浪奇 2020 年 8 月至 2021 年 2 月的 K 线图。

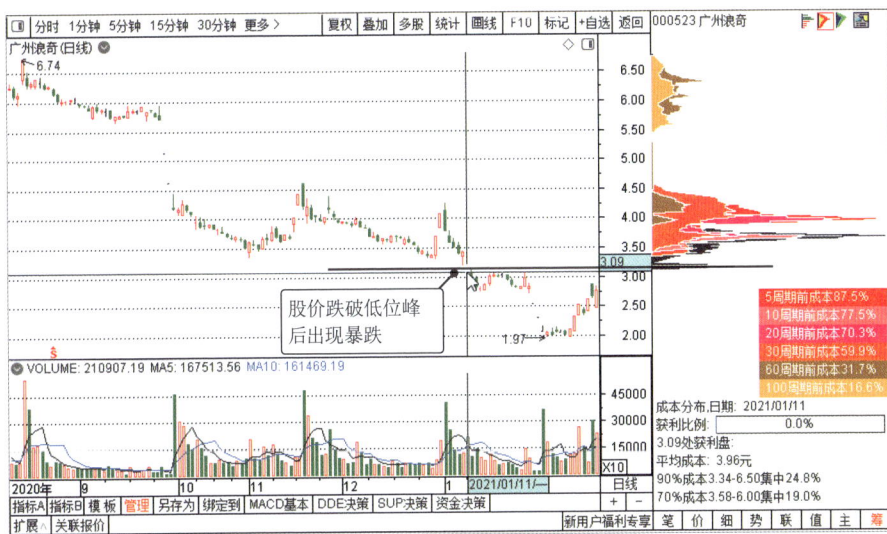

图 2-12　广州浪奇 2020 年 8 月至 2021 年 2 月的 K 线图

从图 2-12 中可以看到，该股随后虽然出现了一波反弹行情，但是整个反弹行情的走势比较吃力，股价反弹到 4.50 元的价位线后就受阻，之后股价在 3.50 元至 4.00 元的价格区间横向波动两个多月的时间。

最终在 2021 年 1 月 11 日以跌停板收出倒 T 线跌破横盘整理低位，同时跌破了前期下跌双峰的低位峰，继续出现暴跌行情。

如果投资者在暴跌之后出现的筹码密集区附近盲目抢反弹，稍不注意就会被深度套牢。尤其在股价破位跌破下跌双峰的低位峰后，投资者更应该果断出局，否则将在后市的深幅下跌行情中损失颇多。

2.2　特殊筹码分布形态的解析

前面我们介绍了一些筹码分布的基本形态，通过这些基本形态反映出来的市场信号可以更好地指导投资者实战操作。下面再介绍几种特殊的筹码分布形态，让投资者更加灵活地使用筹码分布来指导实战。

2.2.1　筹码低位密集，不一定看涨

通常情况下，当形成低位筹码密集时，是股价蓄势待涨的信号，但实际中，股价不一定会上涨，有时只是股价长期在一个较低位置横盘而形成低位筹码密集区，此时不要急于买入，还需要观察后市是否有成交量的放量突破筹码低位密集区，才是可靠的买入信号，否则有可能只是下跌途中的一个短暂修整或者反弹，投资者急于入场很容易被套牢。

下面来看一个案例。

实例分析

长安汽车（000625）股价跌破低位筹码密集峰后继续下跌

图 2-13 为长安汽车 2015 年 2 月至 2017 年 4 月的 K 线图。

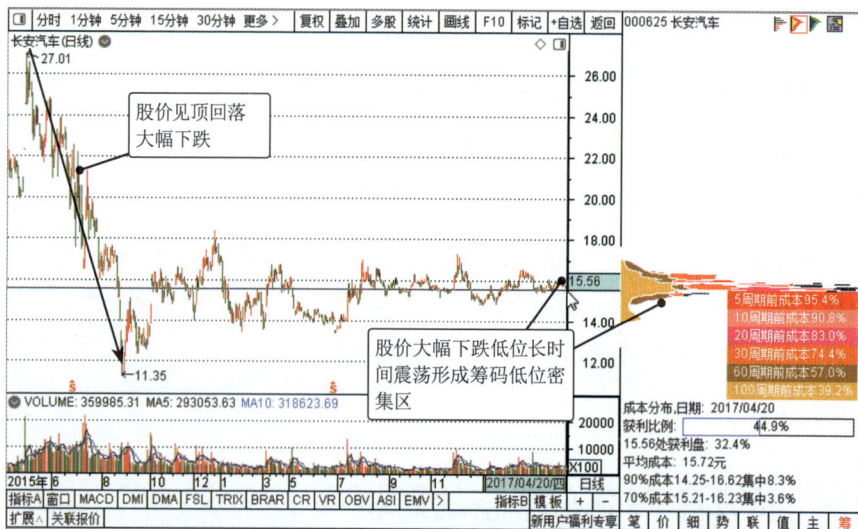

图 2-13　长安汽车 2015 年 2 月至 2017 年 4 月的 K 线图

从图 2-13 中可以看到，该股在创出 27.01 元的高价后直线下跌，在近 4 个月的时间内，股价跌破 12.00 元价位线，创出 11.35 元的低价，跌幅将近 58%，还是比较大的跌幅了。

之后股价止跌反弹，但是在反弹触及 18.00 元价位线时受阻，反弹结束。之后股价始终维持在 14.00 元至 17.00 元价位线横向变化，并且震荡幅度越来越小，在 2017 年 4 月左右，股价基本上维持在 16.00 元的价位线附近窄幅波动。

观察 2017 年 4 月 20 日的筹码分布图可以发现，在经过一年多的横向震荡整理之后，上方筹码基本上下移到 16.00 元附近，并在此时的低位形成了筹码密集峰。此时是否意味着行情有望企稳回升步入上涨呢？

下面继续看后面的走势。

图 2-14 为长安汽车 2016 年 2 月至 2018 年 11 月的 K 线图。

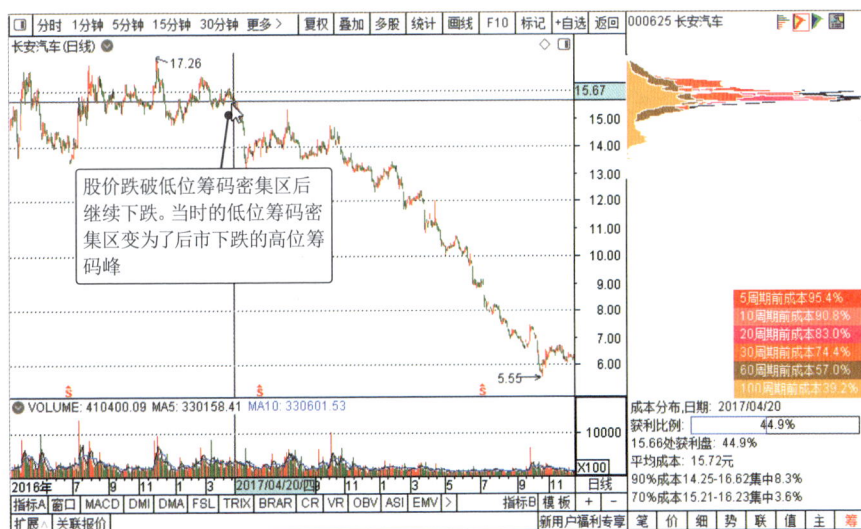

图 2-14　长安汽车 2016 年 2 月至 2018 年 11 月的 K 线图

从图 2-14 中可以看到，该股在 2017 年 5 月上旬连续阴线报收，跌破低位筹码密集峰后进入了进一步的深幅下跌行情中，从整个下跌来看，成交量逐步减少，尤其在下跌后期，成交量出现明显的量小平，在没有成交量的支撑下，之前的低位密集峰成了新的高位密集峰，对股价的上涨起着压制作用，股价就很难上涨。

从这个案例也进一步说明了，当低位筹码密集峰出现后，一定要有成交量的放量突破该密集峰，行情才有可能发生逆转步入上涨。即使在股价大幅下跌后出现低位筹码密集区，也要谨慎入市。

2.2.2 顶部单峰密集，见顶概率大

如果股价在高位出现滞涨，同时筹码分布也出现高位单峰密集形态，通常情况下至少会出现一波较大幅度的回调，甚至可能转势下跌，这时就需密切观察回调时筹码的变化情况了，如果筹码出现向下发散的形态，则多半股价见顶，只有少部分情况会向上突破高位单峰密集继续上涨。

模塑科技（000700）在大幅上涨后，在高位横盘整理，筹码分布图出现高位单峰密集形态，之后股价见顶回落步入下跌，如图 2-15 所示。

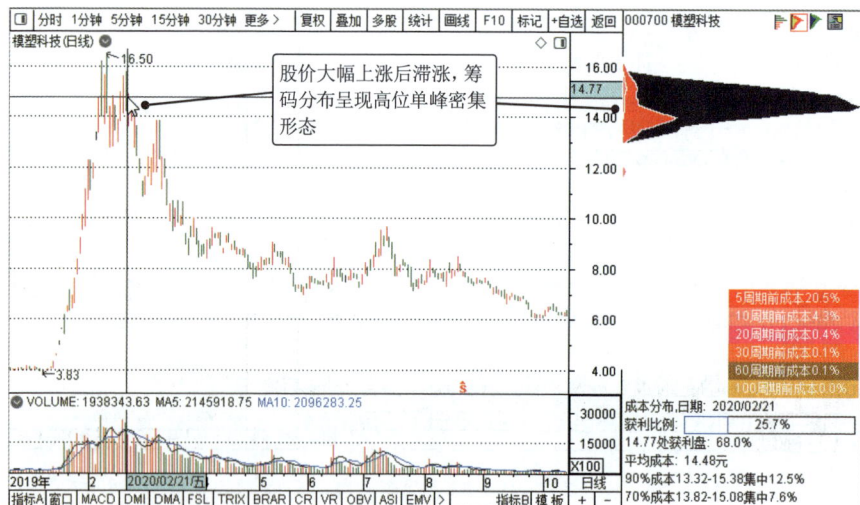

图 2-15　高位单峰密集形态后股价见顶回落

第 3 章

┃ 筹码形态技法与实战应用 ┃

　　要想更好地使用筹码分布图来分析个股的走势变化，提高买卖点的研判准确性和可靠性，就有必要对筹码分布形态的技法和实战应用进行掌握。本章将选取常见的3个技法应用及3个实战要点进行详细解读。

3.1　筹码分布形态的 3 个技法

在了解了筹码分布的基本形态后，就可以进一步学习筹码分布形态的技法。用好这些技法就能更加灵活地使用筹码分布技术研判行情走势，制定更加可行的操盘策略。

3.1.1　上峰不移，跌势不止

"上峰不移，跌势不止"是股市中经常出现的现象，造成这种现象的原因是：

主力在行情顶部完成派发后，市场中的筹码被上移到高价位区形成密集峰。当主力完成筹码的派发后，行情就会进入下跌趋势。如果要展开新一轮的上涨行情，一定要等到上方的套牢盘筹码再次下移，主力在低位将下移的筹码全部集中在一起，在低位形成密集峰，才会出现新一轮的上涨行情。

如果在股价下跌的过程中，上方的套牢盘没有充分下移，即使有新主力进场吸筹，也不可能做到充分吸筹。而且当股价每次反弹到套牢盘的筹码密集区下方时，都会遭遇强大的抛压，迫使股价下跌。只要新主力完不成建仓操作，新的上涨行情就不能开启。

由此可知，"上峰不移，跌势不止"技法中的"上峰"指的就是高位密集峰，只要高位密集峰不能充分转移到下方，下跌行情就不会终止，这就是这个技法的核心内容。

在这个大前提下，投资者的操盘策略有以下两点：

①**巧做反弹**。在股价下跌的过程中，如果行情出现反弹走势，此时投资者最好不要盲目抢反弹，可以借助前面介绍的"下跌双峰"形态来指导反弹操作。一旦股价跌破反弹行情的新密集峰，投资者就要果断出局，才能降低损失。

②不要基于中线布局。有时股价可能下跌到历史的某个支撑位水平后止跌，或者跌势减缓。但是如果此时个股上方的套牢盘筹码没有消失，或者出现明显向下转移的迹象，此时投资者也不能急于抄底而进行中线布局，因为下跌行情还未结束。

下面来看一个案例。

实例分析

四川美丰（000731）下跌到历史支撑位时上峰不移分析

图 3-1 为四川美丰 2016 年 5 月至 2017 年 4 月的 K 线图。

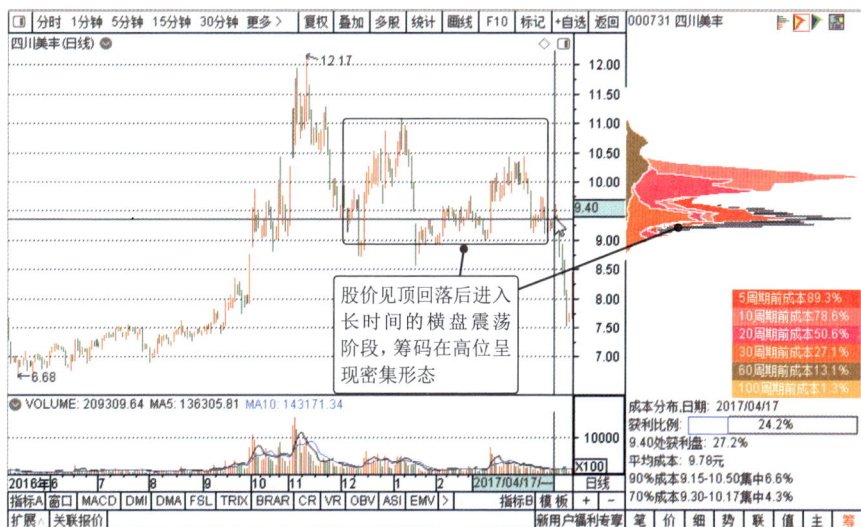

图 3-1　四川美丰 2016 年 5 月至 2017 年 4 月的 K 线图

从图 3-1 中可以看到，该股在 2016 年 5 月中旬左右下跌创出 6.68 元的最低价后开启了一波震荡上涨行情。

在 11 月时，该股最高上涨到 12.00 元价位线附近滞涨，在创出 12.17 元的高价后见顶回落。随后该股进入了一波宽幅震荡行情，股价始终在 9.00 元至 11.00 元的价格区间波动，整个震荡行情持续 5 个月左右。

　　观察对应的筹码分布图可以发现，经过这几个月的震荡变化，筹码在 9.00 元至 10.50 元的价位区间形成密集区。

　　图 3-2 为四川美丰 2016 年 4 月至 2018 年 8 月的 K 线图。

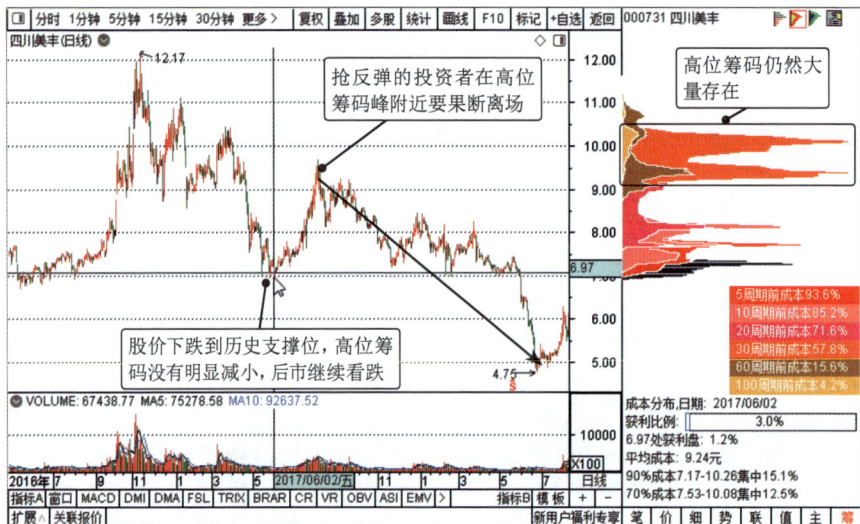

图 3-2　四川美丰 2016 年 4 月至 2018 年 8 月的 K 线图

　　从图 3-2 中可以看到，该股在高位密集区的压制作用下跌破 9.00 元的价位线后快速下跌。

　　在一个多月的时间内，股价从 9.00 元快速下跌到前期上涨行情启动的 7.00 元价位线附近，从最高价到此时的 7.00 元左右的价格，跌幅超过 42%。在该价位区股价是否能够再次受到支撑企稳，重拾上涨行情呢？

　　我们来观察此时的筹码分布图，可以发现，此时虽然在 7.00 元至 8.00 元的价位区间新增了不少筹码，但是前期 9.00 元至 10.50 元的价位区间形成的筹码密集区并没有明显的减小，说明此时前期的套牢盘仍然被套，在高位形成巨大的压力。

　　此时虽然已经运行到历史支撑位水平，但是此轮下跌并没有结束，投资者最好不要急于中线布局。

激进的投资者此时可以做短线抢反弹，但是一定要以前期筹码密集峰为止盈价位，一旦股价运行到高位筹码密集峰附近时，投资者就要果断止盈，落袋为安。

从后市的走势来看，该股反弹也只是到了前期高位筹码密集峰的下边，即 9.00 元价位线附近便反弹结束，之后该股重新进入下跌行情中，而且跌势更加凶猛，持续时间也比较长。

如果投资者盲目抢反弹，没有在股价运行到高位筹码密集峰附近时离场，后市将遭受严重的损失。

在实际操盘过程中运用"上峰不移，跌势不止"这个技法时，投资者除了要看准形态以外，还要注意 4 个看点，才能更加灵活地应用技法指导操作。

◆ 看点一：上峰出现的位置

上峰所处的价位越高，说明该股被套得越深，股价想要涨回去就需要更大的量能。

反之，上峰所处的价位越低，说明前期被套的筹码越容易解套，股价涨回去的阻力也就相对要小一些。但是需要明确，只要上峰不消失，就不要期望股价会很快出现反转。

◆ 看点二：上峰的数量不止一个

股价在下跌趋势中，总会在不同价位出现不同强度的反弹行情，在这些反弹行情中仍然可能再次出现不同大小的密集峰，整个筹码分布图就出现了双峰密集或者多峰密集形态。

在这些形态中，如果股价一旦跌破形态的低位峰，股价就会继续下跌，且此时形态的低位峰也转换成了新的上峰，无论是早期的上峰，还是新的上峰，"上峰不移，下跌不止"的法则都适用。

◆ 看点三：股价是否突破阻力位

在股价下跌趋势中出现反弹时，通常也是筹码向下转移较多的时候，但下跌是否就此结束还要观察股价是否突破了阻力位，如果反弹顺利突破阻力位，高位筹码峰也基本消失，那么就意味着下跌趋势已经结束。

若只是高位筹码峰消失，看起来在某个震荡或小反弹处形成新的筹码峰，但股价的反弹未突破下降趋势（关于趋势的相关内容将在本书第 4 章进行详细介绍），则股价仍可能进一步下滑，那么在此处形成的筹码峰就成了新的上峰。

◆ 看点四：筹码转移的时机

高位筹码随着股价的持续下跌会向下转移到底部，当高位筹码被完全转移后，未来阻止股价上涨的压力被化解，真正的上涨就拉开序幕。认清这一点，对筹码分布应用来说很重要。

但在实际中，大多数筹码转移到下方的时机通常都不是在下跌趋势的尾部，而是在下跌结束后的第一波较大幅度的反弹行情中。

知识拓展 *上峰筹码转移的心理过程*

通常在下跌趋势刚开始转势后，主力已经大量抛出筹码，形成高位密集峰，让大部分投资者被套在高位，而此时被套的投资者仍然心存幻想，在等待股价回升解套，而主力则通过一波又一波的下跌让投资者深套，而被深套的投资者通常更不忍割肉离场，所以大部分筹码仍然居高不下。

主力深知大部分普通投资者的这种心理，通过一波又一波的下跌让深套的投资者感到绝望，将来再出现一波较大幅度的反弹时，这些经历了一次又一次从希望到失望的套牢者在看到一波较大的反弹时，担心又像之前一样继续深跌，就会开始抛出筹码，因此造成上峰的快速消失。所以，许多股票筹码转移的时间通常不是在下跌的最低位置，而是在第一波较大幅度的反弹行情中。

3.1.2　筹码密集，强弱有别

筹码一段时间内在某个区域大量堆积，大多数原因是股价在该区域长期盘整。根据筹码堆积的位置不同，可以分为筹码相对高位密集和筹码相对低位密集。

无论筹码在相对高位还是在相对低位，股价仍然处在调整状态，但此时市场已经开始蓄势，后市走势必然属于以下 4 种之一。

◆　筹码相对高位密集，股价向上突破。

◆　筹码相对高位密集，股价向下跌破。

◆　筹码相对低位密集，股价向下跌破。

◆　筹码相对低位密集，股价向上突破。

其中，对于"筹码相对低位密集，股价向下跌破"这种情况，在第 2 章 2.2.1 节的特殊形态中有过详细讲解，这里针对其他 3 种情况进行具体介绍。

（1）筹码相对高位密集，股价向上突破

在上涨趋势中，如果股价出现较大幅度的回调震荡，或者长时间出现横盘整理，此时大量筹码都将在震荡或者盘整过程中集中，形成相对高位的密集形态。

此后，如果上涨动能再次占据优势，股价向上突破重要阻力位，说明后市将延续前期的上涨趋势。

通常出现这种现象，市场主要有以下两种情况。

◆　当前大盘行情还未结束，主力继续拉高可以获得更为丰厚的利润。

◆　当前股价已经处于较高位置，散户不敢盲目追高，成交量小，主力无法完成筹码兑现。此时只有主动再拉一波上涨，让散户认为这个位置是低位，吸引散户入场。

对于筹码在相对高位密集，股价向上突破时，投资者在选择进场时机时，可以参考以下两个要点进行判断。

◆　震荡走势通常以三角形、楔形或旗形形态呈现，其中第一个阻力位通

常为形态的上边线。当股价突破形态上边线时，就是投资者最好的跟进时机。

◆ 在震荡走势形成并出现高位筹码密集时，最好结合震荡走势相关的技术指标，如 KDJ、MACD、MA 等，看它们是否也给出明确的买入信号，当指标和形态都发出买入信号时，可以证明该买入点更加可靠，投资者买入后获得收益的概率更高。

下面来看一个案例。

实例分析

科大讯飞（002230）股价向上突破高位筹码密集区买入分析

图 3-3 为科大讯飞 2020 年 4 月至 2021 年 8 月的 K 线图。

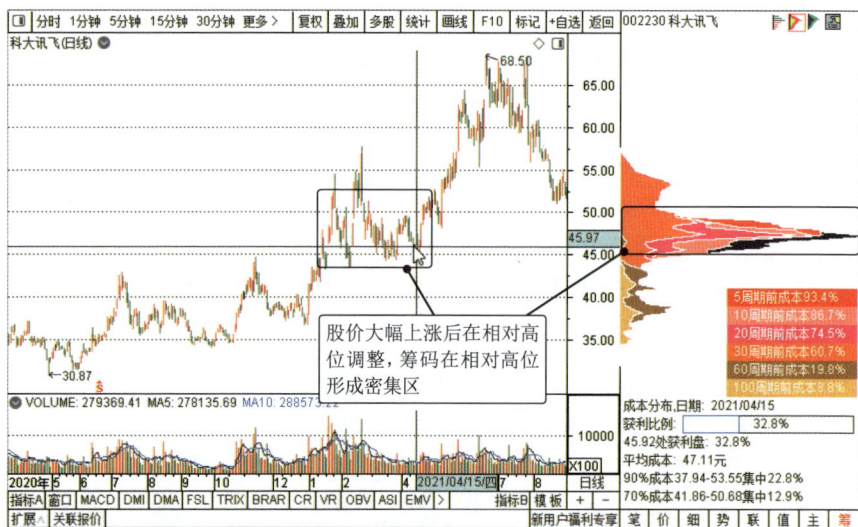

图 3-3　科大讯飞 2020 年 4 月至 2021 年 8 月的 K 线图

从图 3-3 中可以看到，该股在 2020 年 4 月创出 30.87 元的低价后阶段见底，之后股价一路震荡上涨。在 2021 年 1 月中旬，该股上涨到 50.00 元价位线上方，在冲高 55.00 元价位线后受阻。

之后股价在这个相对高位展开了一波长时间的调整，股价始终受到 45.00

元价位线的支撑，上方调整的高点也逐步降低，形成一个典型的三角形整理形态（有关该形态的具体内容将在本书第 5 章详细介绍）。

观察此时对应的筹码分布图可以发现，下方低位筹码逐步上移，并在 45.00 元至 50.00 元的价格区间形成密集区。这个密集区将对股价继续上涨形成较大的阻力。如果股价不能有效突破这个价位，行情反转进入下跌通道中。

下面来分析这波调整行情。

图 3-4 为科大讯飞 2021 年 1 月至 7 月的 K 线图。

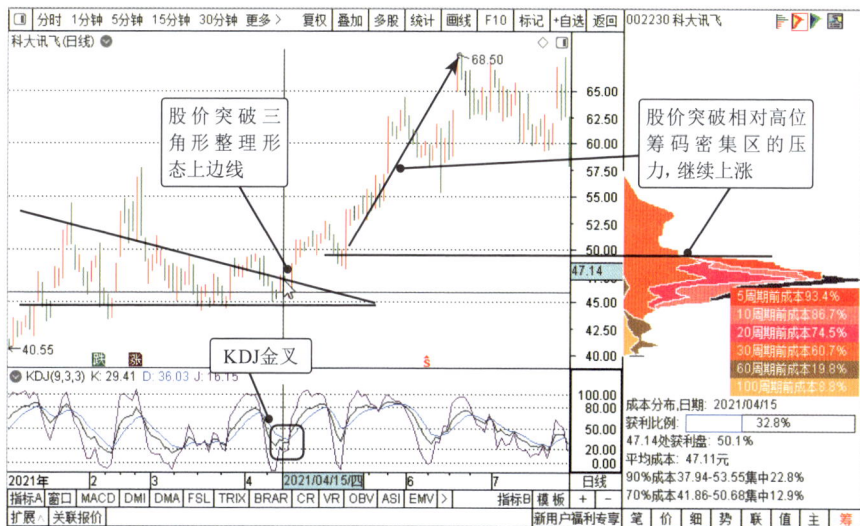

图 3-4　科大讯飞 2021 年 1 月至 7 月的 K 线图

从图 3-3 中可以看到，该股在 2021 年 4 月中旬在 45.00 元价位线附近受到支撑后止跌回升并突破到 50.00 元价位线上方。很快该股在 5 月初冲高回落有过短短 3 个交易日的调整。但是股价受到 50.00 元价位线的支撑止跌，随后股价向上突破 50.00 元价位线的筹码密集区，标志着股价脱离了相对高位筹码密集区的压制，后市将继续上涨。

此时再分析该股的技术面，该股在 4 月中旬止跌后向上突破三角形整理形态的上边线，并且同期的 KDJ 指标也在 50 线下方形成明显的低位金叉形态。

这两个指标都发出股价继续看涨的信号，更加确定了股价向上突破相对高位筹码密集区发出的买进信号，此时投资者可以积极逢低吸纳买入该股。

需要特别注意的是，由于此时筹码是在相对高位密集，因此股价向上突破阻力位后，投资者的持股时间都不宜过长，要设置好止盈位置，安全追涨才是最好的操盘策略。

（2）筹码相对高位密集，股价向下跌破

在股价经过一轮上涨运行到高价位区时出现震荡走势，此时筹码会在高位逐渐呈现密集态势，如果形成高位单峰密集，股价向下跌破后，后市看跌的信号更强（这种特殊形态在第 2 章有过简单介绍）。

在震荡变化过程中，多空双方展开激烈的角逐，如果空方动能占据优势，股价就会向下跌破高位密集区。

出现这种情况有 3 种可能性。

◆ 一是该股突发较大的利空消息。

◆ 二是整体市场出现逆转，主力眼见大势已去，无心再做一波，从而选择顺势出货。

◆ 三是对行情大势预判较为超前的主力，提前对持有的大部分股票进行了抛售，由于时间宽裕，在高位通过震荡慢慢释放筹码，以便获得更大的利益。

股价处于高位，一旦出现股价向下跌破高位的筹码密集区，就说明有人开始杀跌出逃，行情发生逆转，下跌开启，此时投资者要及时卖出筹码，规避风险。

下面来看一个案例。

实例分析

力合科创（002243）股价向下跌破高位筹码密集区卖出分析

图 3-5 为力合科创 2018 年 6 月至 2019 年 4 月的 K 线图。

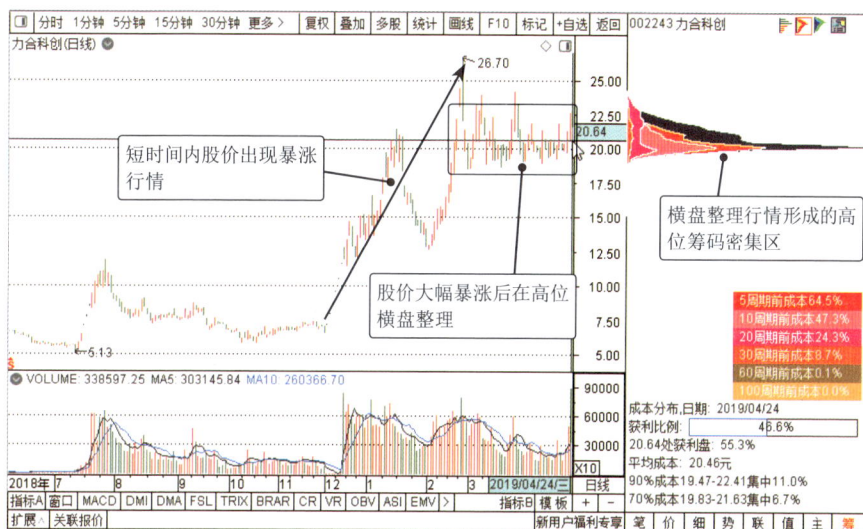

图 3-5　力合科创 2018 年 6 月至 2019 年 4 月的 K 线图

　　从图 3-5 中可以看到，该股在 2018 年 7 月运行到低价位区，并在 7 月 11 日创出 5.13 元的最低价后止跌企稳。随后该股在连续 6 个涨停板的拉升作用下强势逆转步入上涨行情。

　　这一波上涨持续的时间比较短，在 7 月下旬运行到 11.00 元价位线附近后滞涨，之后股价进入了长时间的回调整理阶段，最终在 2018 年 12 月 7.00 元的价位线附近获得支撑结束调整，再次在连续 6 个一字涨停 K 线的推动下重拾升势，在短短两个多月的时间，股价最高上涨到 26.70 元的最高价，涨幅超过 281%。

　　随后该股再次出现了调整，股价始终在 20.00 元至 24.00 元的价位区间横盘整理。那么，该股后市是否会继续前面的上涨逻辑，再次出现一波大幅上涨行情呢？

　　观察 2019 年 4 月 24 日的筹码分布图发现，在这波高位震荡走势中，下方的低位筹码全部转移到高位，并在 20.00 元上方的高价位区域形成筹码密集形态。

在这波持续了两个多月的横盘整理走势中，多空双方的激烈角逐结果如何呢？下面继续对后市走势进行分析。

图3-6为力合科创2019年2月至2021年9月的K线图。

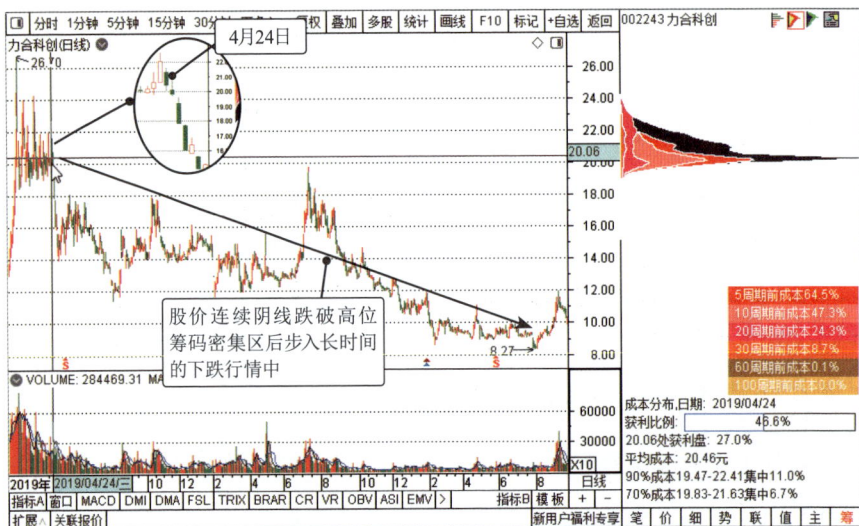

图3-6　力合科创2019年2月至2021年9月的K线图

从图3-6中可以看到，该股在2019年4月24日之后，在连续4根阴线的作用下快速跌破20.00元价位线，运行到高位筹码单峰密集形态下方，说明行情的大势已去，下跌开启，此时投资者要果断抛售出局，否则在后市的漫漫跌势中将被深度套牢，损失惨重。

（3）筹码相对低位密集，股价向上突破

在股价经过充分下跌运行到低位的某个区域后，多空双方将在该区域进行激烈的争夺，在这个过程中，上方筹码将不断向下移动并形成相对低位的密集区域。

在双方经过激烈争夺后，多方势能占据主导地位后，股价会向上突破密集区的阻力，此时表明行情发生逆转，上涨趋势形成。

出现这种情况通常是因为主力在低位进行充分的吸筹，行情涨不上去

主要的原因有两个。

◆ 一是大盘走势不配合，主力要逆势拉升成本太高。

◆ 二是较长时间的震荡不涨，也可以将部分浮筹清理掉，吸筹更充分，
也减少了后市的拉升压力。

因此，一旦出现股价向上突破相对低位的密集区，投资者就要积极跟
进做多，持股待涨。

在筹码低位密集区形成的过程中，K 线图通常呈现出双重底、三重底、
头肩底等反转形态，稳健的投资者还可以结合这些形态，或者其他技术指
标进行综合判断，以提高操盘的成功率。

下面来看一个案例。

实例分析

东方雨虹（002271）股价向上突破低位筹码密集区买入分析

图 3-7 为东方雨虹 2018 年 6 月至 2020 年 9 月的 K 线图。

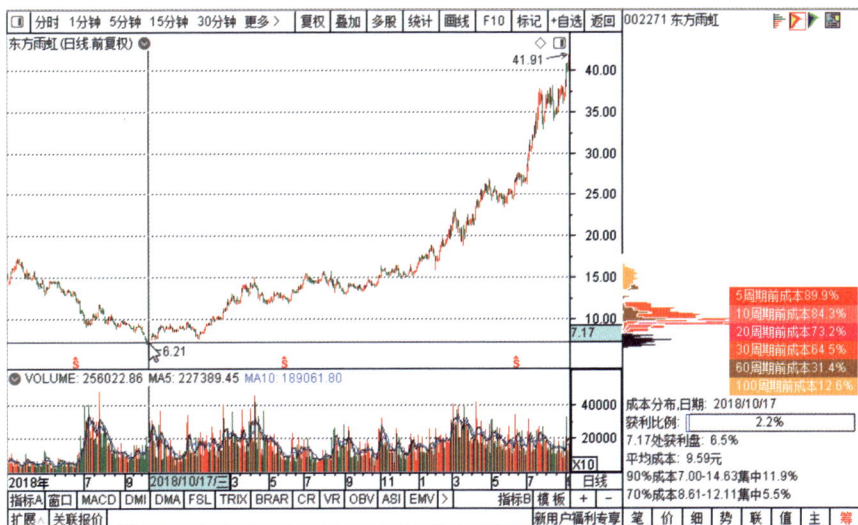

图 3-7　东方雨虹 2018 年 6 月至 2020 年 9 月的 K 线图

从图 3-7 中可以看到，该股大幅下跌后在 2018 年 10 月 17 日创出 6.21 元的最低价后止跌。

观察此时的筹码分布图可以发现，虽然此时在 8.00 元至 12.00 元的价格区间形成了相对低位筹码密集形态，但是 13.00 元至 16.00 元的价格区间还有不少的筹码，这部分筹码对未来股价的上涨会形成明显的压力。

图 3-8 为东方雨虹 2018 年 6 月至 2020 年 12 月的 K 线图。

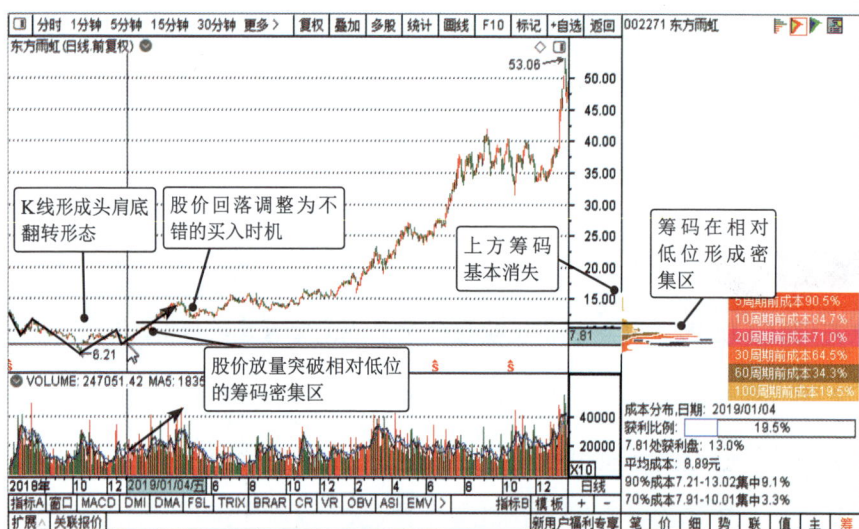

图 3-8　东方雨虹 2018 年 6 月至 2020 年 12 月的 K 线图

从图 3-8 中可以看到，随后该股上涨到 9.00 元价位线附近后受阻震荡一段时间后回落，并在前期相对低位形成支撑，K 线形成一个明显的头肩底翻转形态。

观察此时的筹码分布图可以发现，在 2019 年 1 月 4 日，股价止跌后，13.00 元至 16.00 元价格区间的大部分筹码基本消失，此时市场中的筹码都下移到 8.00 元至 10.00 元的相对低位，并形成明显的密集区域。说明经过这轮操作，主力在低位吸筹充分。

随后，该股连续放量拉升，股价快速突破相对低位的筹码密集区，说明此时主力开始拉升，行情进入主升区，投资者应积极买入做多。还未来得及反应的投资者如果没有抓住时机跟进，在随后 4 月股价上涨到 15.00 元价位线受阻回落调整中再择机介入。

从该股后市的走势来看，该股一路震荡上涨了很长一段时间，而且涨幅在不断翻倍，涨势十分喜人。

3.1.3　双峰填谷，高抛低吸

要用好"双峰填谷，高抛低吸"技法，首先要明白什么是"双峰填谷"。

对于"双峰"形态我们在前面已经有所了解，即股价在运行过程中，筹码分布图上形成相对高位和相对低位两个密集的筹码峰。而在两个筹码峰之间的区域就将其称为"峡谷"。

当双峰形态出现后，股价通常都会在这两个密集峰之间来回波动，即遇上峰受阻回落，遇下峰得到支撑上涨，使得筹码逐步转移到这两个山峰之间的峡谷里，这就是"双峰填谷"。

筹码在逐渐填满峡谷的过程中，股价会在双峰之间震荡变化，股价上涨触及上峰会回落，股价下跌触及下峰会反弹。

因此，在填谷期间，投资者可以采用高抛低吸的方式进行短线操作，即当股价下跌到下峰附近受到支撑时买入该股，当股价上涨到上峰附近受到阻碍时卖出，多次波段操作可以获得不错的收益。

当峡谷被填满时，双峰也会随之逐渐消失，行情格局就可能发生变化，至于是向哪个方向变化，需观察后继走势进行判断。通常会出现如下两种走势。

◆　峡谷被填满后上涨行情启动

出现双峰形态后，主力在低位吸筹建仓，股价始终维持在上峰和下峰之间的峡谷区域震荡。

随着时间的推移，震荡行情的继续，双峰之间的峡谷逐步被填满，且集中到主力手中，主力高度控盘，当双峰之间的峡谷被填平后，股价向上突破筹码峰，则上涨行情启动，投资者可以跟进，享受一轮上涨行情。

◆ 峡谷被填满后股价破位继续下跌

出现双峰形态后，主力实力较弱，股价始终维持在上峰和下峰之间的峡谷区域震荡或反弹。

随着时间的推移，双峰之间的峡谷被逐渐填满，但是整体市场处于弱市，一旦股价破位跌破筹码峰，之后股价就会延续之前的下跌走势继续下跌。此时投资者一定要果断出局，规避行情继续下跌带来的损失。

下面来看一个案例。

实例分析

*ST 宜康（000150）双峰填谷高抛低吸操作分析

图 3-9 为 *ST 宜康 2020 年 6 月至 2021 年 2 月的 K 线图。

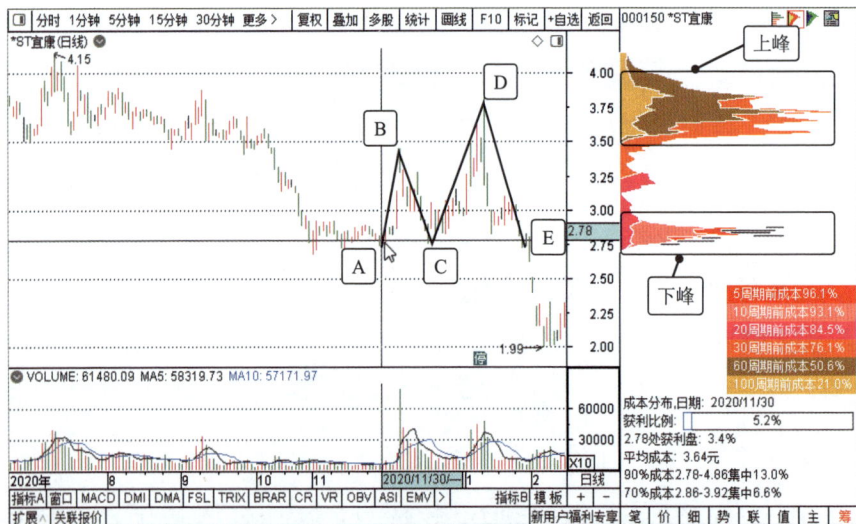

图 3-9 *ST 宜康 2020 年 6 月至 2021 年 2 月的 K 线图

从图 3-9 中可以看到，该股大幅下跌后在 2020 年 10 月运行到一个相对低位跌势减缓，随后经历了一波横向整理的横盘行情，股价始终在 2.75 元的价位线上方窄幅波动。

观察 2020 年 11 月 30 日的筹码分布图可以看到，该股出现了明显的双峰形态，上峰筹码的价格区间为 3.50 元至 4.00 元，下峰筹码的价格区间为 2.75 元至 3.00 元。

随后该股出现震荡行情，震荡上涨高点都在上峰位置附近，震荡回落低点都在下峰位置附近，投资者此时可以在 A 点和 C 点企稳后买入，在 B 点和 D 点位置附近卖出，进行波段操作。

当股价回落到 E 点附近后，是否还可以继续低吸买入呢？我们继续观察对应的筹码分布图。

图 3-10 为 *ST 宜康 2020 年 7 月至 2021 年 2 月的 K 线图。

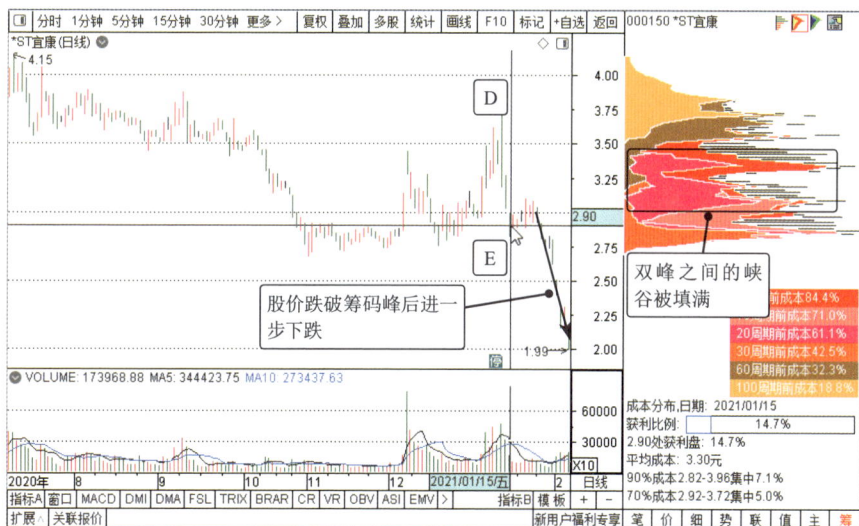

图 3-10　*ST 宜康 2020 年 7 月至 2021 年 2 月的 K 线图

从图 3-10 中可以看到，该股在 D 点反弹受阻后连续 3 根阴线拉低股价回落到 2.90 元价位线附近。

观察 2021 年 1 月 15 日的筹码分布图可以明显发现，双峰之间的峡谷区域被填满了，而且此时也出现三连阴拉低股价的走势，市场表现出弱市行情，投资者此时不能进行低吸操作，应离场观望。随后该股继续跌破筹码密集区，开启了进一步的下跌。

3.2　筹码分布形态的 3 个实战

通过对本章前面小节以及前面章节的内容学习后，我们不难发现，筹码分布形态对投资者实战操盘有非常重要的指导意义。在本章的最后，将介绍几个常见的筹码分布形态实战应用要点，让投资者能够提高筹码分布形态的实战应用技能。

3.2.1　低位密集峰的反复

一般而言，股价在经过大幅下跌运行到低价位区后，筹码会在低位形成密集峰，预示着股价上涨的动力已经积蓄完毕，之后出现上涨的概率是非常大的。

但有时个股在形成低位密集峰后，股价却突然向下跌破该密集峰，随后股价拉回并放量向上突破原来的密集峰。

这是新一轮上涨行情开始的重要标志，之前股价的突然跌破低位筹码密集峰，是因为主力手中筹码不够，借消息或者大盘对个股进行浮筹清理所致，这种股票后市通常会展开一波不错的行情，投资者应积极逢低买入做多。

在实战中，投资者遇到低位密集峰反复时，操盘过程中还要注意以下6 个方面。

①低位密集峰通常是由较长时间的震荡清理浮筹形成的，在这个震荡过程中，散户因为无法忍受长时间的震荡行情，就会抛售手中筹码。

②股价跌破低位密集峰一般是主力清理浮筹所致，投资者要坚定持有筹码。

③股价突然向下跌破筹码密集峰时，其回调幅度一般小于 20%，且持续时间一般不会超过 22 个交易日。

④回调时密集峰一般没有减小的态势，成交量则呈现缩量态势。

⑤清理浮筹回调之后的回升一般伴随着放量过程。

⑥突破原密集峰一般是较好的买入时机。

下面来看一个案例。

实例分析

中联重科（000157）跌破低位密集峰后快速拉升买入分析

图 3-11 为中联重科 2015 年 5 月至 2018 年 10 月的 K 线图。

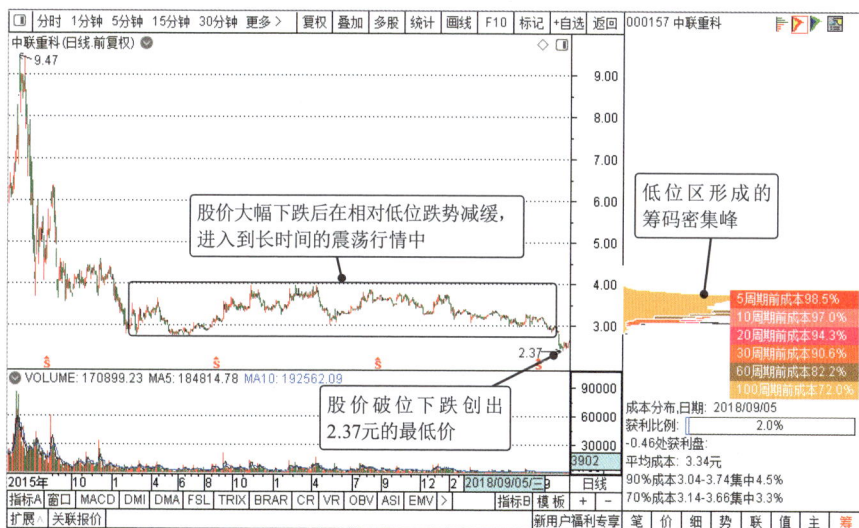

图 3-11　中联重科 2015 年 5 月至 2018 年 10 月的 K 线图

从图 3-11 中可以看到，该股在 2015 年 6 月 3 日创出 9.47 元的最高价后快速回落步入下跌行情，在大幅下跌后，在 2016 年 2 月运行到 3.00 元价位线后跌势逐渐减缓，之后股价始终在 3.00 元至 4.00 元的价位区间震荡变化。

在股价震荡运行到 2018 年 6 月至 9 月期间，股价更是缩小震荡范围，在 3.00 元至 3.20 元价位线之间窄幅横向波动变化。这一波震荡行情持续了两年多的时间。

观察 2018 年 9 月 5 日的筹码分布图可以发现，上方高位筹码基本消失，在 3.00 元至 4.00 元的低价位区间，筹码分布形成低位密集峰形态。该股虽然在 9 月 5 日跌破 3.00 元价位线，但是股价并没有立即回落，而是在 2.85 元至 3.00 元价格区间窄幅横向整理。

在 2018 年 10 月 11 日，股价放量低开低走以跌停大阴线打破了这个平衡，使得股价出现了快速回落下跌的走势，在连续 6 个交易日阴线拉低股价的作用下，该股最终在 10 月 19 日创出 2.37 元的最低价。短短几个交易日，股价就从 2.85 元附近下跌到 2.37 元，跌幅达到 17%。

该股是否会继续下跌行情呢？下面继续观察随后的走势。

图 3-12 为中联重科 2018 年 10 月至 2019 年 4 月的 K 线图。

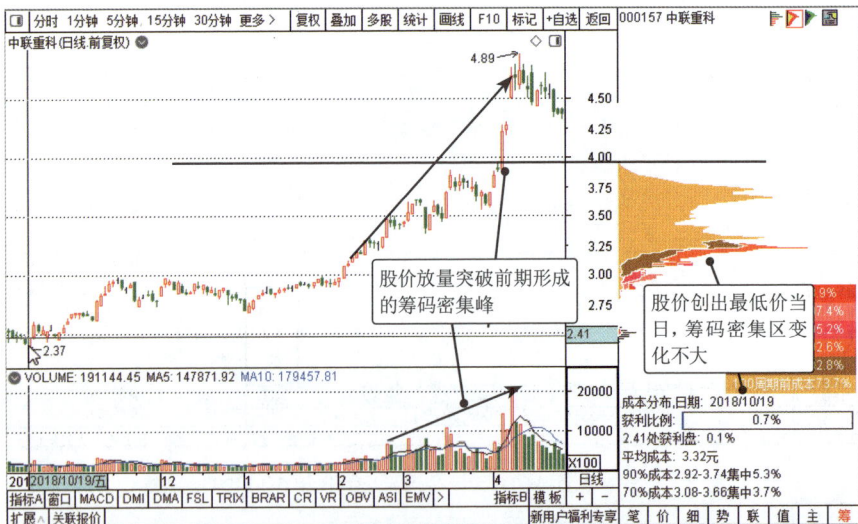

图 3-12 中联重科 2018 年 10 月至 2019 年 4 月的 K 线图

从图 3-12 中可以看到，该股在跌破低位筹码密集峰继续下跌创出最低价时成交量已经非常小了。

观察创出最低价当日的筹码分布图可以看到，虽然股价经历了一波快速下跌的行情，但是在 3.00 元至 4.00 元价格区间形成的低位筹码密集峰并没有出现明显的变化，说明通过前期的长时间横盘整理，大部分筹码已经被集中到主力手中，此时为下跌行情的最后一跌，目的是进一步清理市场中的浮筹，为后市拉升减轻压力，也标志着行情即将翻转上涨，投资者此时可以积极逢低吸纳，买入做多。

随着股价在 2.37 元企稳后，该股出现了震荡上涨的走势，但是由于此时的成交量变化不大，很难预测股价是否会在 3.00 元至 4.00 元价格区间形成的筹码密集区上涨受阻，此时投资者可以继续观察，稳健的投资者可以暂时观望。

之后，股价上涨到 3.00 元的价位线后受阻，但股价并没有大幅回落，而是在 2.75 元至 3.00 元的价格区间窄幅整理。最终该股在 2019 年 2 月结束整理行情，在不断放大的成交量推动下，股价快速拉高，并在 4 月 3 日放出巨大的量能突破前期的低位筹码密集峰开启上涨行情，此时就是一个买入时机。

图 3-13 为中联重科 2018 年 9 月至 2021 年 5 月的 K 线图。

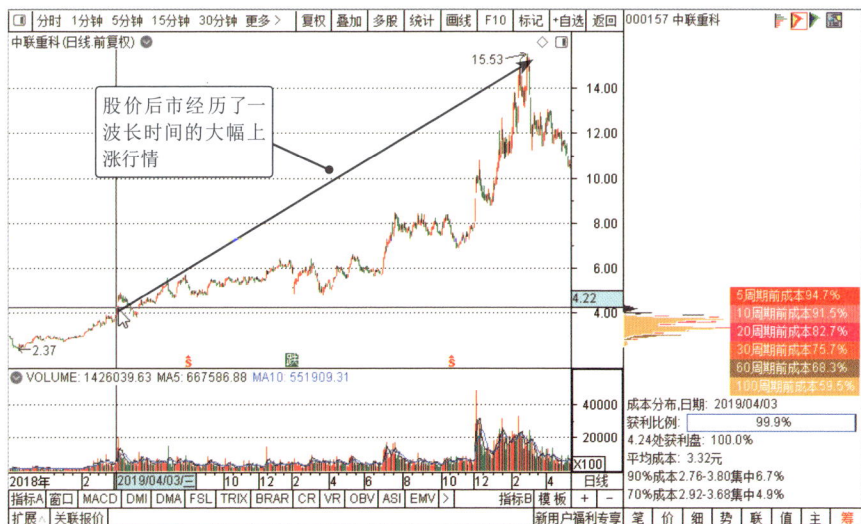

图 3-13　中联重科 2018 年 9 月至 2021 年 5 月的 K 线图

从图 3-13 中可以看到，该股在 2019 年 4 月放量突破低位筹码密集峰后一路震荡上扬，走出了一波长时间的大幅上涨行情。股价最高上涨到 15.53 元的价格。从股价放量突破 4.00 元的筹码密集峰开始，到最高的 15.53 元，涨幅超过 288%。

因此，投资者在股价快速放量拉升突破先前的低位筹码密集峰后果断买进，持股一段时间后，将获得不错的收益。

3.2.2　注意突破及突破后的回调

在筹码分布技术中，投资者都比较喜欢看到在股价大幅下跌后的低位出现筹码密集区，因为此时大概率是行情的底部。

对于大部分个股来说，在股价向上突破相对低位的筹码密集区后都会有一个回调休整阶段，并在回调到前期形成的筹码密集区得到支撑止跌，之后再次拐头向上，此时上涨趋势便得到有效确认，稳健的投资者可以积极做多。

但是也有少数强势股在股价向上突破相对低位的筹码密集区后便快速上涨，或者在上涨很大幅度后才出现稍许的回调，来不及反应的投资者可能因为没有及时跟进而错失一波不错的行情。

为了更进一步确认股价突破低位筹码密集区或突破后的回调买入时机，我们通常需要关注以下两个关键点。

①当股价突破低位筹码密集区时，一般都会对应股价突破前期下跌过程中放量位置甚至天量位置的价位。因为在这些位置堆积着大量的筹码，这些筹码必将成为后市股价上涨的阻力，一旦这个价位被突破，就表明多空双方的角逐已经分出了胜负。之前在这些位置套牢的筹码都得到了释放，而有如此魄力，能够在短时间释放这么多筹码的主力，资金通常都非常雄厚，后市的上涨几乎是必然。投资者可以在股价突破相对低位筹码密集区后果断买入。

②当股价突破低位筹码密集区并得到回调确认后，筹码分布图应该呈现发散状态，才能确认上涨行情的全面展开，但还是要结合其他指标进行综合判断，才能提高买点的可靠性。

下面来看一个案例。

实例分析

漫步者（002351）突破低位筹码密集区及回踩买入分析

图 3-14 为漫步者 2018 年 7 月至 2019 年 11 月的 K 线图。

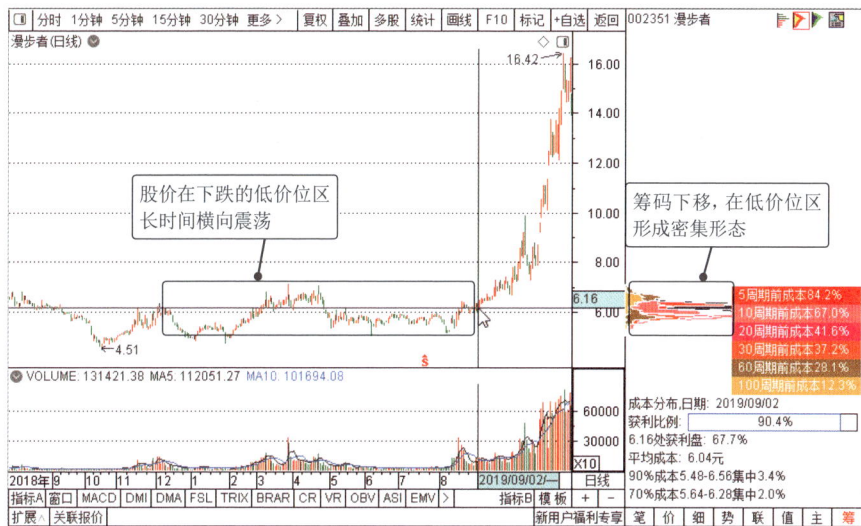

图 3-14　漫步者 2018 年 7 月至 2019 年 11 月的 K 线图

从图 3-14 中可以看到，该股大幅下跌到 2018 年 10 月中旬创出 4.51 元的最低价后止跌回升，在上涨触及 6.00 元价位线后出现滞涨行情，股价阶段见顶回落调整。

之后该股在 5.00 元至 7.00 元的价格区间震荡波动，整个震荡行情持续近一年的时间。

观察 2019 年 9 月 2 日的筹码分布图可以发现，此时上方筹码基本消失，筹码移到下方，并在 4.50 元至 7.00 元的低位区间形成筹码密集区。

图 3-15 为漫步者 2018 年 10 月至 2019 年 10 月的 K 线图。

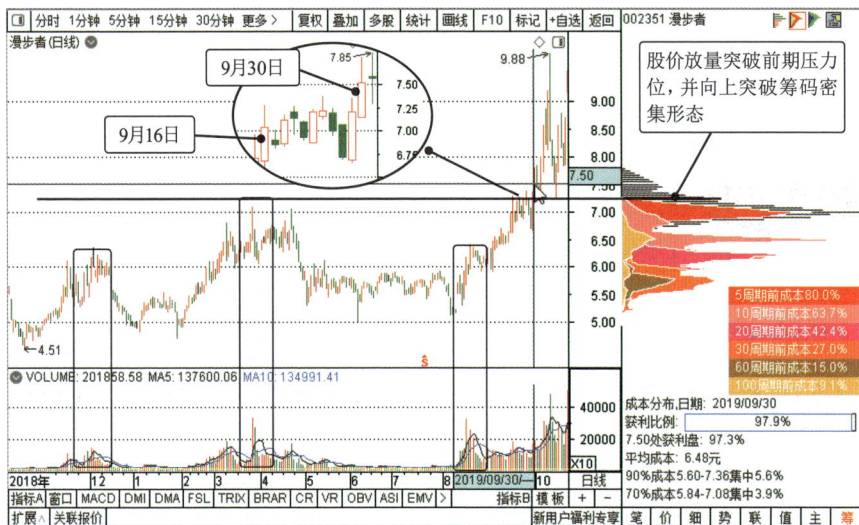

图 3-15　漫步者 2018 年 10 月至 2019 年 10 月的 K 线图

从图 3-15 中可以看到，该股在低位持续近一年的震荡走势期间，股价的每一次向上反弹上涨都伴随着成交量的放大，甚至是天量。之后在 2019 年 5 月，该股进入了一个相对窄幅的价格区间波动，并在 8 月止跌回升。

之后，该股伴随大量能的不断出现，股价出现震荡上涨，并在 9 月 16 日以 5.07% 的涨幅大阳线报收，上穿 7.00 元的价位线。

在短暂的横盘之后最终在 9 月 30 日以 7.15 元的价格开盘，在不断放量拉升推动下，当日以 4.30% 的涨幅完全站在 7.00 元价位线的上方，呈现出股价明显突破前期震荡过程中放量和巨量反弹的高位。

经过近一年的震荡行情，许多筹码已经失去了持股的耐心，面对这种力度的反弹，纷纷抛售解套。

再来观察 9 月 30 日的筹码分布图可以发现，股价快速冲到 7.00 元价位线上方，突破了前期低位形成的筹码密集区，能在短暂时间内让前面的套牢盘解套并向上突破低位筹码密集区，这无疑是主力进驻的标志。

投资者可以密切关注，激进的投资者此时可以采取逢低买进的操盘策略。

图 3-16 为漫步者 2019 年 7 月至 10 月的 K 线图。

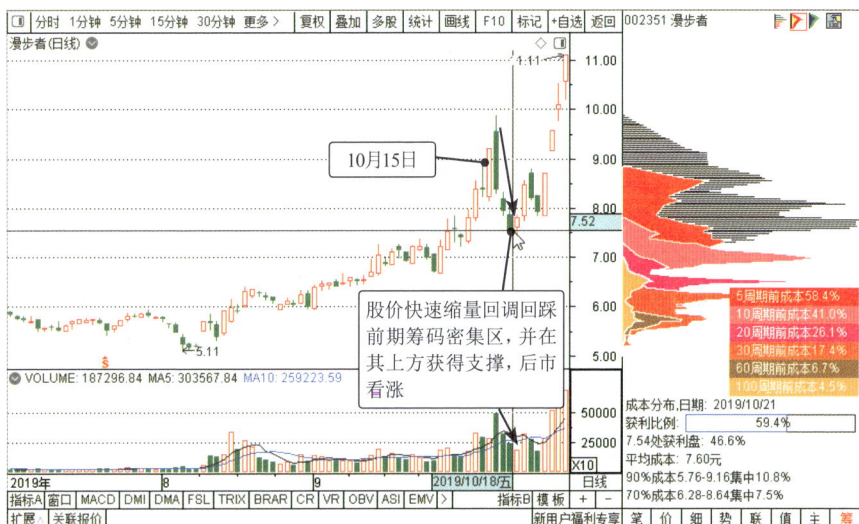

图 3-16　漫步者 2019 年 7 月至 10 月的 K 线图

从图 3-16 中可以看到，该股在 10 月放量突破低位筹码密集区后，股价出现快速冲高，期间多次出现大阳线拉升，甚至在 10 月 15 日以涨停板大阳线报收突破 9.00 元的价位线。

但是次日，股价以 9.56 元的价格放量高开，之后便一路下跌，当日以 9.13% 的跌幅收出大阴线压低股价，接着连续两个交易日，该股都是阴线报收拉低股价进行回调。

但是观察整个回调期间成交量的变化，呈现出明显的缩量形态，且股价回落回踩前期低位筹码密集区，并在其上方获得支撑止跌。说明了主力强大的护盘能力，该股后市看好，投资者此时应果断逢低吸纳介入，并坚定持股待涨。

图 3-17 为漫步者 2019 年 7 月至 12 月的 K 线图。

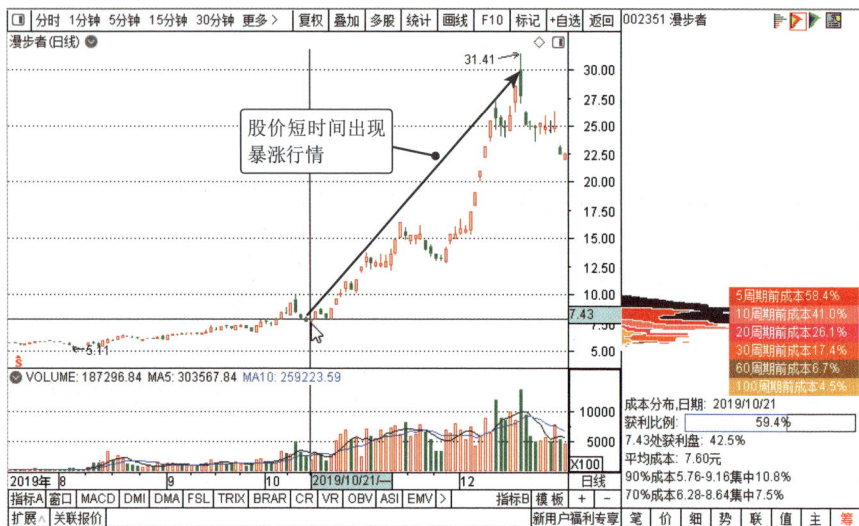

图 3-17　漫步者 2019 年 7 月至 12 月的 K 线图

从图 3-17 中可以看到，该股在回踩前期低位筹码密集区后快速止跌回升重拾升势，之后该股出现了一波暴涨行情，在不到两个月的时间内，股价从 7.50 元附近最高上涨到 31.41 元的价格，涨幅约 319%。

无论是在股价突破低位筹码密集区跟进的投资者，还是在回踩前期低位筹码区确认涨势后跟进的投资者，持股一段时间后，在任何位置卖出都将获得相应的收益。

3.2.3　拉高过程中的多个密集峰

当上涨行情全面开启后，筹码分布图的形态就会由相对集中变为相对分散，而且往往也会形成多个筹码密集峰。这是上涨动能正在释放的标志，投资者应密切关注股价的变化趋势，不可一味地盲目追涨。

此外，在实际的操盘过程中，还应注意如下 4 个方面。

◆ 在股价出现一波或几波比较明显的上涨之后，可能会出现较长时间的震荡，这通常是主力在进行浮筹清理震仓，中短线投资者要注意规避，最好逢高卖出，锁定利润，待行情调整结束再介入。

◆ 新的筹码峰形成时，相对低位的筹码峰会随着上方筹码峰的形成而减少，但不应该消失。

◆ 如果投资者发现上方筹码峰形成的同时，下方的筹码峰在迅速减少或消失，很可能是主力在大量出货，此时应结合其他指标判断是否卖出，以便及时锁定利润。

◆ 新的筹码峰会成为该股压价、清理浮筹或震荡行情的重要支撑位，只要不跌破该支撑位，股价通常不会转势下跌。

下面来看一个案例。

实例分析

顺丰控股（002352）拉高过程中多个密集峰持股待涨分析

图 3-18 为顺丰控股 2017 年 1 月至 2019 年 10 月的 K 线图。

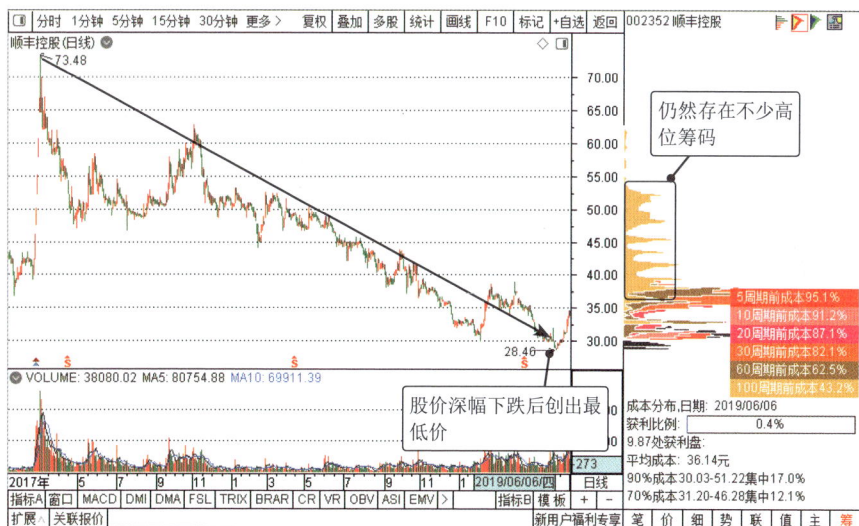

图 3-18　顺丰控股 2017 年 1 月至 2019 年 10 月的 K 线图

从图 3-18 中可以看到，该股在一波急速拉升后的 2017 年 3 月 1 日创出

73.48 元的最高价后见顶回落步入下跌行情中。

在大幅下跌后该股于 2019 元 1 月运行到相对低位的 30.00 元价位线附近后止跌，之后股价经历了一波相对大幅的反弹行情，但是最终在 39.00 元价位线附近反弹受阻回落继续下跌，并在 2019 年 6 月 6 日创出 28.46 元的最低价止跌。

观察此时的筹码分布图可以发现，虽然股价运行到低价位区，并在低价位区大量集中，但是在 40.00 元上方还存在许多高位筹码，这些筹码对后市的拉高会造成一定的压力。

图 3-19 为顺丰控股 2019 年 6 月至 2020 年 2 月的 K 线图。

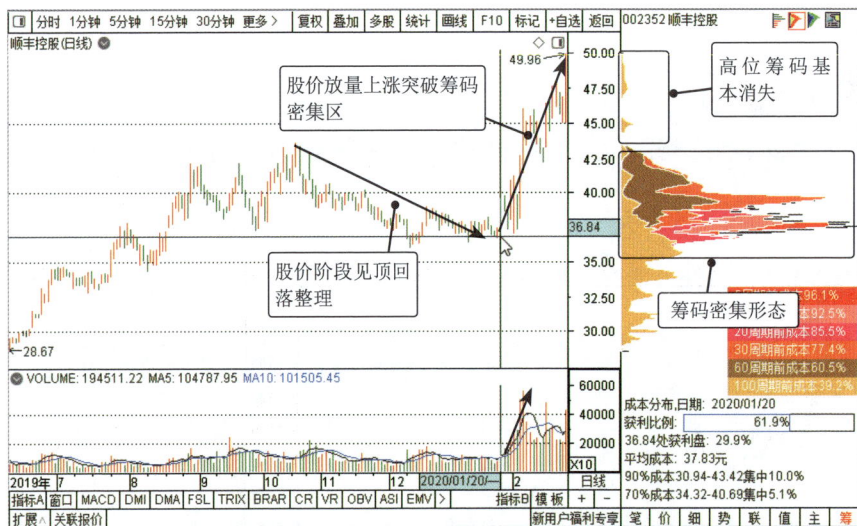

图 3-19　顺丰控股 2019 年 6 月至 2020 年 2 月的 K 线图

从图 3-19 中可以看到，该股在创出 28.46 元的最低价后企稳回升步入上涨行情中，在这一轮的上涨行情中，高位筹码抛售解套，对股价的上涨形成一定的压力。

最终股价在上涨到 40.00 元价位线附近后出现滞涨走势，随后便进入了一波回落调整阶段。在经过这一轮的上涨回落后，上方的筹码大部分都消失了，此时筹码主要分布在 30.00 元至 42.50 元的价格区间，并在 35.00 元至 40.00 元的价格区间形成密集峰，说明此时市场的大部分筹码的持仓成本在这个价格区间。

随后，该股在 2020 年 2 月初开始连续放量拉升股价突破 40.00 元筹码密集峰，开始上涨。

图 3-20 为顺丰控股 2019 年 6 月至 2020 年 6 月的 K 线图。

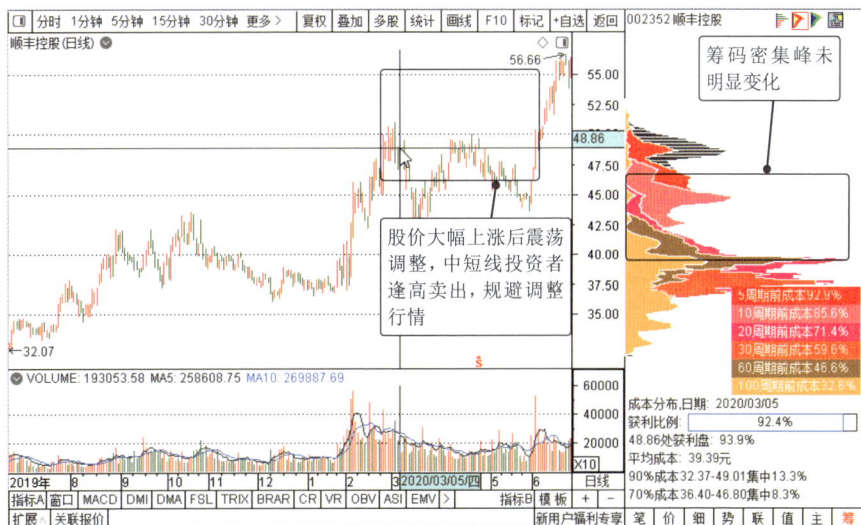

图 3-20　顺丰控股 2019 年 6 月至 2020 年 6 月的 K 线图

从图 3-20 中可以看到，该股经过一个月的上冲涨到 50.00 元的价位线出现阶段性见顶回落，相对于前期 28.46 元的低价，此时股价已经有接近 76% 的涨幅了，还是算比较高的涨幅了。

是否股价就见顶了呢？

观察此时的筹码分布图可以发现，虽然股价有了较大的涨幅，但是早期下方形成的筹码密集峰没怎么变化，说明市场还是看好的，此时是拉高过程中的正常震荡整理阶段，对于中短线投资者可以逢高卖出，规避后市的调整行情。

图 3-21 为顺丰控股 2019 年 11 月至 2021 年 2 月的 K 线图。

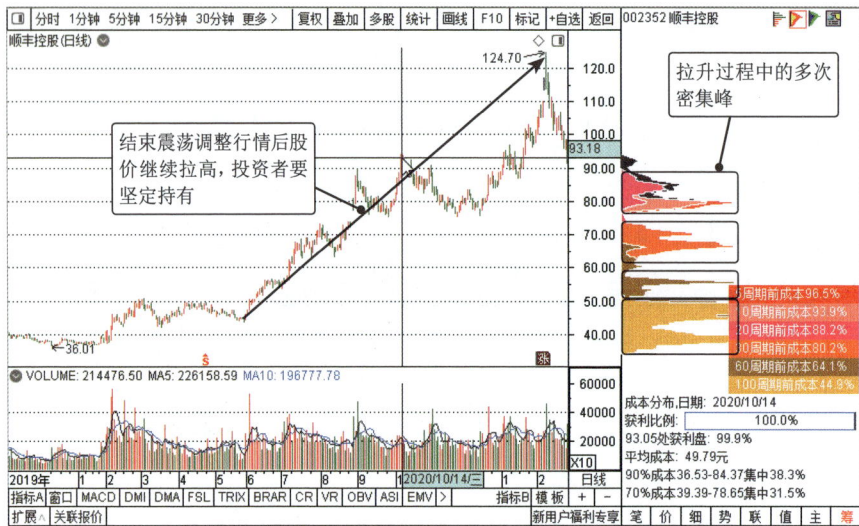

图 3-21　顺丰控股 2019 年 11 月至 2021 年 2 月的 K 线图

从图 3-21 中可以看到，该股经过 3 个月左右的时间调整后，在 2020 年 6 月初在前期相对低位筹码密集区上方再次获得支撑止跌上涨，步入新一轮的拉升行情中。

从拉升的筹码分布图来看，虽然在大幅拉升过程中，股价多次经历大小不一的回落调整，并多次形成密集峰形态，但是下方筹码都没有明显减少，且多次形成的密集峰形态都对后市股价上涨形成有力的支撑，更加坚定市场向好的信心，投资者在这种筹码分布图的指导下，应该坚定持股待涨。

第 4 章

筹码形态与趋势理论结合实战

在股市投资中经常会听到"炒股要顺势而为""炒股就是炒趋势"……由此可见，掌握股市行情变化的趋势对投资者具有非常重要的意义。趋势理论是对市场进行技术分析的基础之一，投资者可以结合筹码掌握主力的持股成本，从而在变幻莫测的市场中更好地做到顺势而为，以达到盈利的目的。

4.1 趋势基础知识掌握

趋势是指事物未来的发展动向，由于是由现状来推测未来，因此也表示一种尚不明确的，或只是模糊的远期目标持续发展的总体运动方向。要想更好地将趋势与筹码结合，首先需要对趋势的基础知识进行一定的了解。

4.1.1 认识趋势的类型

在股市中，趋势就是股票价格市场运动的方向，它可以按方向和时间分为不同的类型，下面分别进行介绍。

（1）按方向分类

按方向分类可以将趋势分为上升趋势、下降趋势和震荡趋势（即横向整理）3 种类型。

◆ 上升趋势

在一段行情中，如果下一个波段包含的顶部和底部都高于前一个波段的顶部和底部，该趋势就称为上升趋势，根据该趋势作出的直观的指示线就是上升趋势线，如图 4-1 所示。

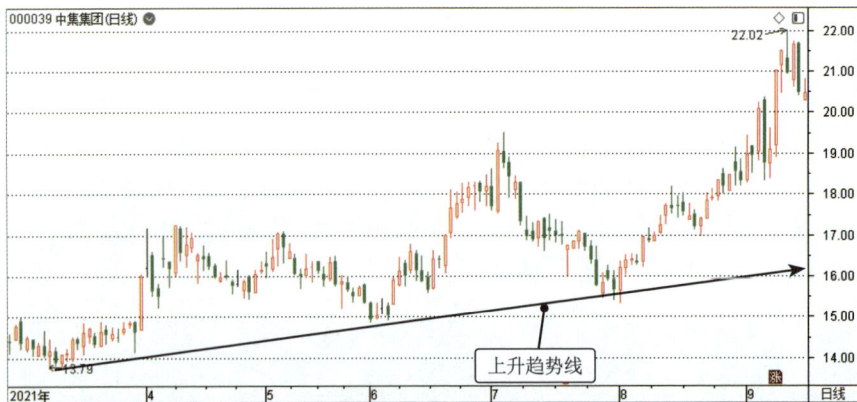

图 4-1 上升趋势

在实际中，上升趋势并不一定要求每个波段的顶部和底部都高于前一个波段的顶部和底部。有时候相距较近的波段会出现后一波段的顶部或底部低于前一波段的顶部或底部，只要整体上股价重心在不断上移，就可以称为上升趋势。

◆ 下降趋势

在一个行情的变动过程中，如果其包含的顶部和底部都相应地低于前一个顶部和底部，该趋势就称为下降趋势，根据该趋势作出的直观的指示线就是下降趋势线，如图 4-2 所示。

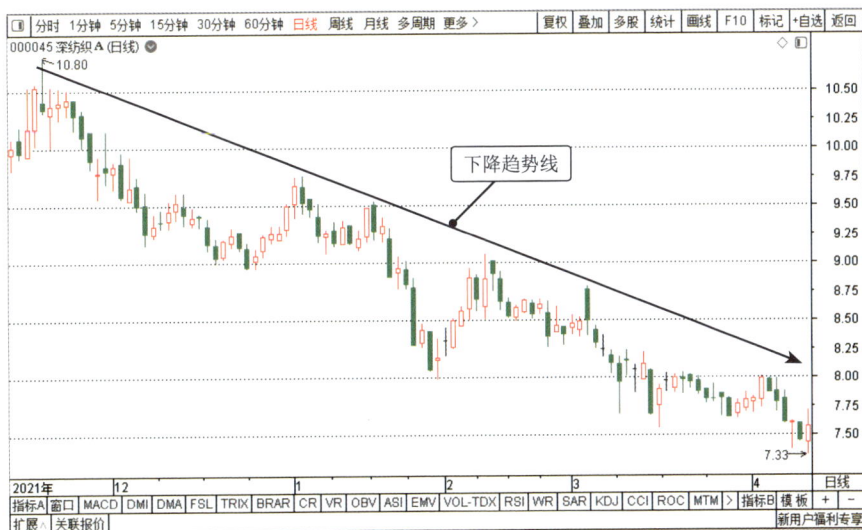

图 4-2　下降趋势

同样，下降趋势并不一定要求每个波段的顶部和底部都低于前一个波段的顶部和底部，有时候相距较近的波段会出现后一波段的顶部或底部高于前一波段的顶部或底部，只要整体上股价重心在不断下移，就可以称为下降趋势。

◆ 震荡趋势

震荡趋势也称横盘整理，它表示在一个价格运动过程中，在相当长一段时间里，后面的波段顶部和底部与前面的波段顶部和底部基本持平，股价未创新高和新低，如图 4-3 所示。

图 4-3 震荡趋势

在实际的股市中，股价的形态是复杂多样的，总有一些个股会走出一些特殊的形态，对于这些特殊形态，我们可以从股价总体的变化来确定其当前的趋势，如下面几种特殊形态。

◆ 股价以"上升→横盘→再上升→再横盘→再上升"的阶梯形态上涨，这种股与大多数波浪形态的上涨趋势相差较大，也不便作趋势线。由于其股价整体在不断抬高，因此无疑属于上升趋势，称为阶梯形上升趋势。

◆ 股价到底后，保持一定的角度以近似于直线的形式上涨，中间没有明显的波浪起伏。这种形态就是直线形上升趋势。

◆ 股价以"下跌→横盘→再下跌→再横盘→再下跌"的阶梯形态下跌，无明显的波峰与谷底，整体股价呈阶梯状下降，称为阶梯形下降趋势。

总之，在指定的时间范围内，股价总体是上涨的，就可当作上升趋势，反之则为下降趋势，基本无变化则为震荡趋势。

知识拓展 *特殊的连续涨停板上升趋势或连续跌停板下降趋势*

　　在股市中，还有非常特殊的连续涨停板上升趋势和连续跌停板下降趋势，这两种情况比较少见，通常是突发利好或利空消息，或者长期停牌后再复牌造成的，甚至出现连续多个一字涨停板或一字跌停板，通常这种情况发生在 ST 股身上的概率比较大。图 4-4 为 ST 凯撒（000796）在 2020 年 6 月底至 7 月中旬出现连续的一字涨停板。

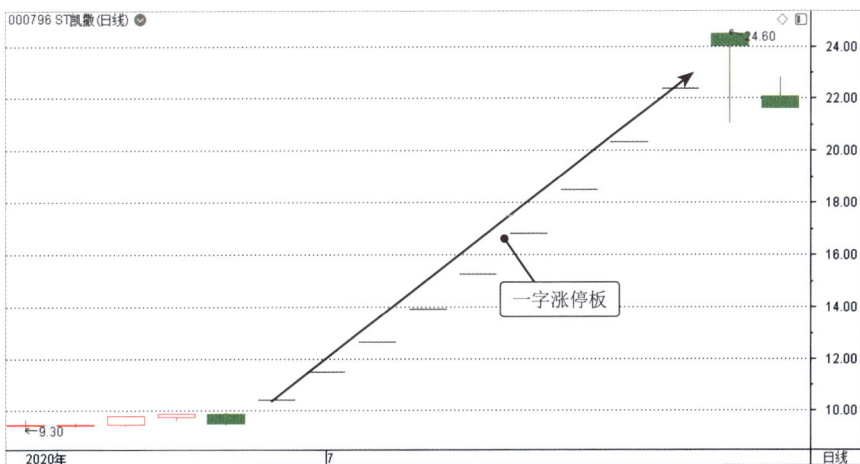

图 4-4　一字涨停板上升趋势

（2）按时间分类

　　按波动的时间长短可以将趋势分为长期趋势、中期趋势和短期趋势 3 种类型。

　◆　**长期趋势**

　　长期趋势在道氏理论中被称为基本趋势，即常说的主要趋势或大趋势，它是从大角度来看股价的上涨和下跌。长期趋势是长期投资者在 3 种趋势中唯一考虑的趋势，其操作策略是：确认多头市场的长期趋势后，长期投资者买入后会一直持股到空头市场已经形成时才卖出股票，对于在整个大趋势中的所有中级波动与短期变动均不予理会。

◆ 中期趋势

中期趋势在道氏理论中被称为次级趋势，即常说的次要趋势和修正趋势。对于那些经常交易的人来说，此时是非常重要的机会。

中期趋势是与长期趋势运动方向相反的一种逆动行情，在多头市场里，中期趋势就是中级下跌或调整行情；在空头市场里，中期趋势就是中级上升或反弹行情。

◆ 短期趋势

短期趋势是股价的短暂波动，很少超过3个星期，通常不超过6天。尽管对于中线投资者或波段操作者来说，它们本身没有什么意义，但它们的存在给主要趋势发展的全过程赋予了变幻莫测的色彩。

不同的投资者，对趋势的时间周期划分也有所差异，但无论如何划分，必须牢记"短期趋势服从中期趋势，中期趋势服从长期趋势"这一原则。比如短期见底，但中期趋势还没确认见底，就不要认为行情会大涨；如果中期见底，但长期趋势还没见底，就不要认为会反转。

图4-5为按时间周期划分的三种趋势的具体显示。

图4-5　按时间划分的三种趋势

4.1.2　手动绘制趋势线

趋势线可以比较直观地指示股价的发展方向，但是在行情软件中是没有直接显示趋势线的，需要投资者手动绘制，之后观察趋势线的有效性，并根据行情的发展进行修正。

在股市趋势分析实战中，使用最多的还是上升趋势线和下跌趋势线，投资者可以在炒股软件中使用画线工具来绘制趋势线。下面具体介绍在炒股软件中绘制趋势线的方法。

实例分析

在云铝股份（000807）中绘制上升趋势线

首先，进入云铝股份个股的 K 线图，调整好要分析的时间段，如这里为云铝股份 2020 年 7 月至 2021 年 9 月的 K 线图，在页面顶端单击"功能"菜单项，在弹出的下拉菜单中选择"画线工具"命令，如图 4-6 所示。

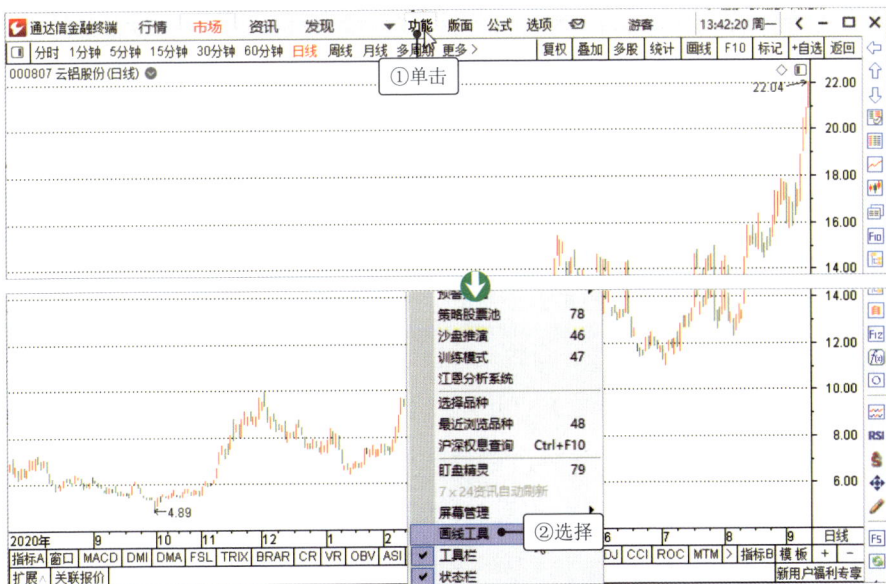

图 4-6　执行"画线工具"命令

程序自动打开画线工具的工具箱，在其中选择"直线"工具选项，将鼠标光标移动到第一个低点位置，按下鼠标左键不放，拖动鼠标光标调整直线的方向和位置，使其经过尽可能多的低点，确定好后释放鼠标左键即可完成上升趋势线的绘制，如图4-7所示。

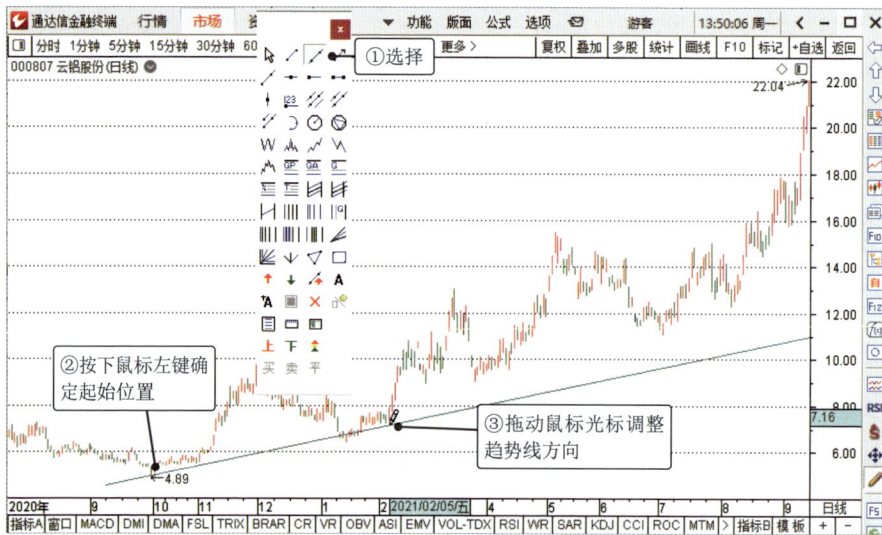

图4-7 使用直线工具绘制上升趋势线

需要特别说明的是，在绘制趋势线时应该注意以下两点。

◆ 选择的高点或低点应处于同一级别的行情趋势中，而且都是较为重要的支撑点或压力点。

◆ 在画趋势线的过程中，应使趋势线经过尽可能多的高点或低点。

除了上面这种方法打开画线工具箱绘制趋势线以外，在通达信炒股软件中，还可以通过以下方法来打开画线工具箱。

◆ **通过单击按钮打开画线工具箱**：在通达信炒股软件界面靠右上角的快捷功能中有一个"画线"按钮，或者在界面右侧的工具栏中有一个"画线工具"按钮（一般通过在"功能"下拉菜单中执行"工具栏"按钮可以快速打开和关闭工具栏），单击这两个地方的按钮都可以打开画线工具箱，如图4-8所示。

图 4-8　通过单击按钮打开画线工具箱

◆ **通过快捷键打开画线工具箱**：在通达信炒股软件中直接按【Alt+F12】
组合键可快速打开画线工具箱。

知识拓展　*绘制趋势线前需对 K 线图前复权处理*

　　由于许多股票每年都有转股、送股、分红等除权活动，会造成股价的巨幅落差，
因此在绘制趋势线前最好先对其进行复权处理，否则突然的落差会带来分析上的
不便。在通达信炒股软件中的方法是：在任意股票的 K 线图上右击，在弹出的快
捷菜单中选择"复权处理"命令下的"前复权"或"后复权"命令，建议选择"前
复权"命令，以使复权后的现价与实际现价相同，如图 4-9 所示。

图 4-9　复权处理

4.1.3　检验趋势线的有效性

　　一条趋势线是否有效，还需经过验证才能确认。如绘制下降趋势线只需要两个波段的高点便可绘制出来，但还需要得到第三个波段高点的验证才能确认这条趋势线的有效性。

　　如果根据两个波段高点绘制出下降趋势线后，股价再次上升至该趋势线附近时结束上升而转为下跌并创出新低，才能确定该趋势线有效；如果该趋势线对股价上升无压制作用，则无效，图 4-10 为无效的下降趋势线。

图 4-10　下降趋势线无效

　　反之，根据两个波段低点绘制出上升趋势线后，之后的走势再次卜跌至该趋势线附近时结束下跌而转为上升并创出新高，才能确定该趋势线为有效上升趋势线。

4.1.4　修正趋势线

　　绘制趋势线时，如果在某一趋势中只运行了两个波段，则直接连接两个波段的最高点或最低点即可；如果已经运行了多个波段，则绘制的趋势线通过的波段高点或低点数量应尽可能地多，这样的趋势线支撑或压力作用才更有效。

因为后面运行的波段高点或低点不可能全都正好落在之前绘制的趋势线上，为了让趋势线更多地通过波段高点或低点，就需要对趋势线位置进行调整。

调整方法比较简单，下面通过具体的实例来演示。

实例分析

修正众合科技（000925）中绘制的上升趋势线

图 4-11 为众合科技为一段上涨趋势绘制的上升趋势线，但是随着股价的不断上涨变化，在 2021 年 11 月之后，许多低点落到了该趋势线的下方，此时需要对其进行修正。单击绘制的趋势线将其选中后，趋势线上将出现两个方块形状的控制点。

图 4-11 选择趋势线

然后将鼠标光标移到要调节其位置的控制点上，当鼠标光标变成 形状时，按住鼠标左键不放将其拖动到所需位置处释放即可，这里将第二个点移动到 2021 年 11 月产生的低点位置完成上升趋势线的修正，如图 4-12 所示。

图 4-12　修正趋势线

　　需要说明的是，如果要连接的某一个波段的最高点或者最低点是长长的上影线或者下影线而使趋势线偏离后面的走势较远时，此时可根据情况选取位置，使趋势通过更多的波段高点或低点，不一定非要选取影线的最高点或者最低点，如图 4-13 所示。

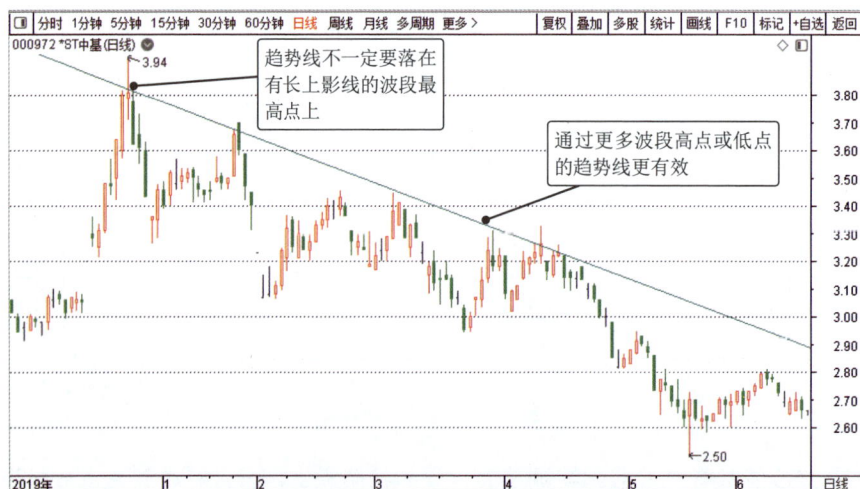

图 4-13　过带长上影线的高点绘制趋势线

4.1.5　趋势线的斜率

在对行情进行趋势分析时，其趋势线的斜率越小（即与水平方向形成的夹角越小），行情顺着该方向继续发展的可能性就越高；斜率越大，行情越容易被一个短期的整理趋势突破，从而发生行情逆转。

A 图股价继续上升的可能性比 B 图继续上升的可能性要大，如图 4-14 所示。

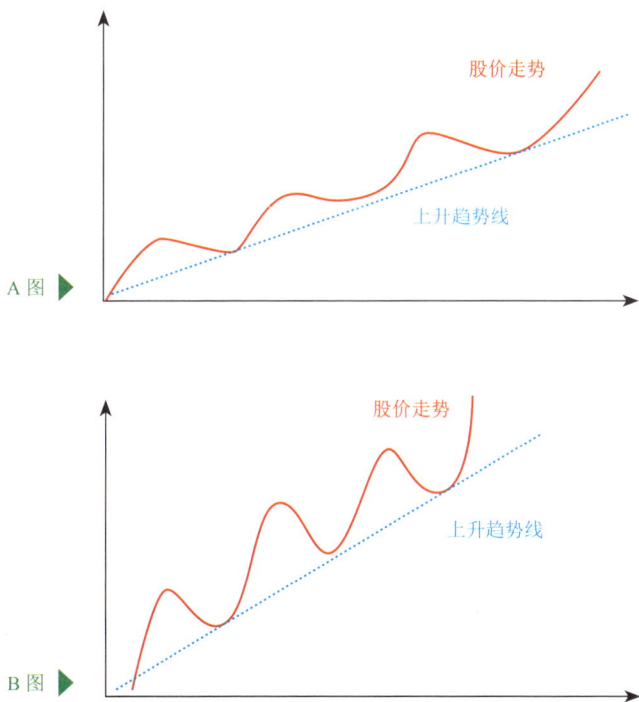

图 4-14　斜率与趋势的关系

因此，在绘制趋势线时，趋势线不能太陡，这就要求选择的两个波段的高点或低点之间应该有一定的距离，不能相隔太近。

当然，这就涉及不同时间周期的波段了，如果选择的波段顶点距离近，则属于较短期走势的趋势线，很容易被打破；选择较大波段的顶点绘制的趋势线有效性更高，不会被轻易打破。

图 4-15 为 ★ST 腾邦（300178）2021 年 7 月至 12 月的下降趋势走势，从图中可以看到，较近波段形成的下降趋势线容易被打破，而较远波段形成的下降趋势线有效性更大。

图 4-15　近距离高点绘制的趋势线的有效性低于远距离高点绘制的趋势线

4.1.6　趋势的转折

我们已经知道，一只上市时间较长的股票通常都会包含上涨和下降趋势，也就是说，在方向上，一种趋势总有被终结而转变为另一种趋势的时候。

股价在经过一轮较大幅度的上升走势或者下跌走势之后发生逆转，形成股价向另一个方向运动的过程就是趋势的转折，而那个最高或最低点便成了转折点。

（1）上涨转折

股价经过一轮大幅度的下跌走势之后，在阶段性低点处出现明显的止跌信号并不再下跌，最终发生逆转，便形成了上涨转折点，如图 4-16 所示。

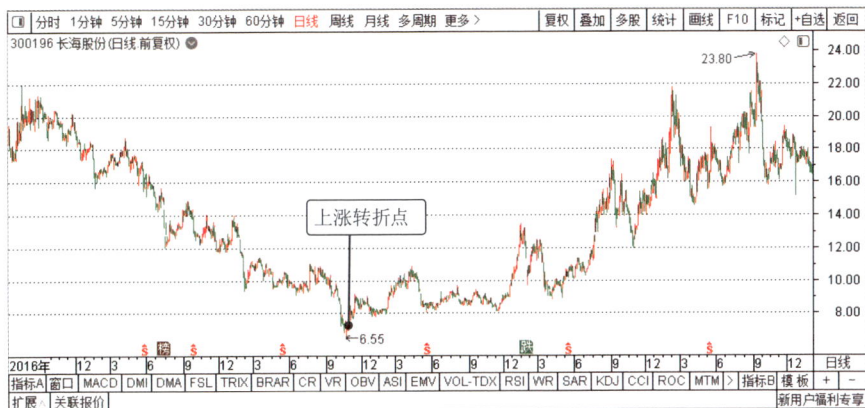

图 4-16　上涨转折点

上涨转折点代表股价从下降趋势向上升趋势逆转，此时买入股票风险较低，由于此时还不能确认就一定是转折点，因此可以适当建仓，当以后确认了趋势后再加仓。

（2）下跌转折

股价经过一轮大幅度的上升走势之后，连续出现放量滞涨迹象，并且难以继续上涨，最终发生逆转快速下跌，便形成了下跌转折点，如图 4-17 所示。

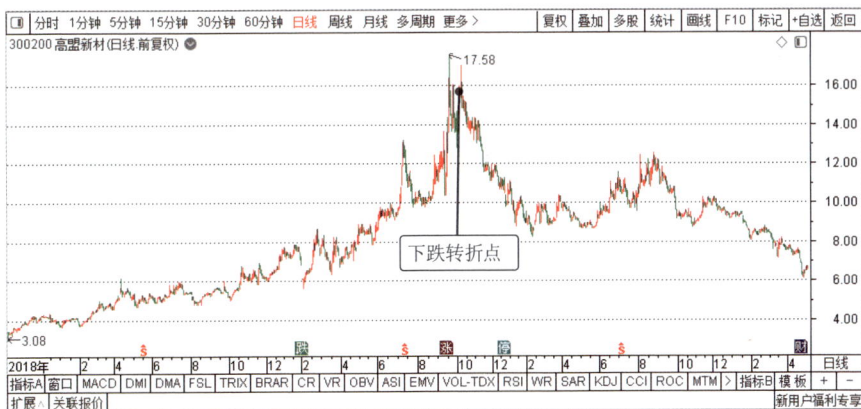

图 4-17　下跌转折点

下跌转折点的形成说明阶段性上涨顶点已经到达，在接下来的时间将出现大幅调整或下跌走势，因此不能轻言抄底，必须等底部信号出现之后才能开始建仓。

市场趋势运动的转折点是一个原趋势结束的标志，同时也是一个新趋势开始的标志，因此，投资者只要把握住了趋势的转折点就等于把握住了趋势的全部，就意味着可以获取上升趋势中的最大投资收益，避过下降趋势中的所有风险。

4.2 趋势在实战中的应用

在趋势理论中，趋势线不仅可以用来判断市场趋势，还有支撑与阻碍、支撑与阻碍间的转化作用，下面具体进行介绍。

4.2.1 上升趋势线的支撑作用

股市中有不少股票的上升趋势一旦确认后，之后的回调大多数在碰到这根趋势线时便止跌回升，这就是上升趋势线的支撑作用，如图 4-18 所示。

图 4-18　上升趋势线的支撑作用

上升趋势线连接的是股价前行中每次回调的低点，对股价上涨有支撑作用。通常情况下，当股价下跌到上升趋势线附近时，便会受到支撑而继续上涨，不会轻易跌破上升趋势线。

为什么在上升趋势线附近会形成波段的低点呢？这种现象的形成与投资者心理活动密切相关，因为买卖股票的决策与行为都是受投资者心理活动的影响，其具体过程如图 4-19 所示。

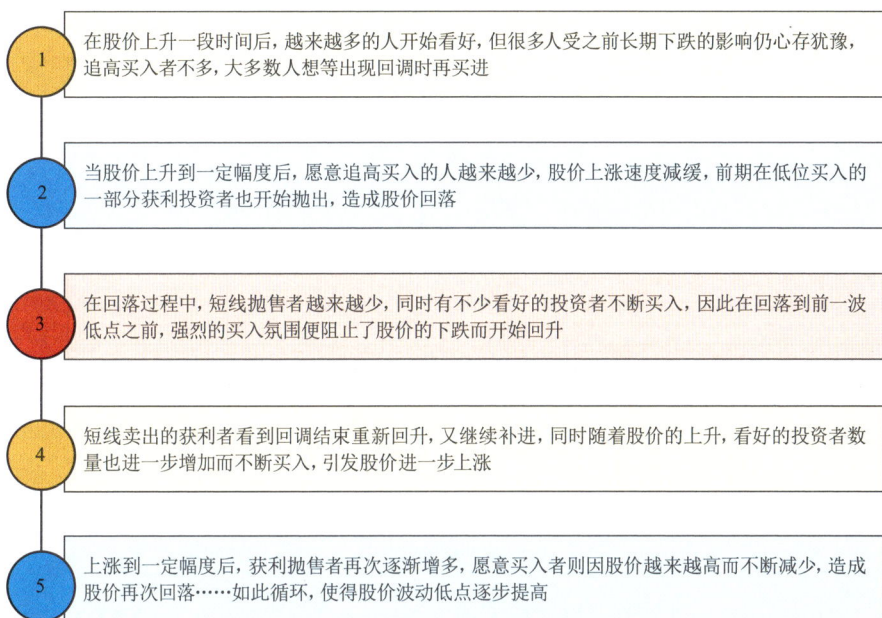

1 在股价上升一段时间后，越来越多的人开始看好，但很多人受之前长期下跌的影响仍心存犹豫，追高买入者不多，大多数人想等出现回调时再买进

2 当股价上升到一定幅度后，愿意追高买入的人越来越少，股价上涨速度减缓，前期在低位买入的一部分获利投资者也开始抛出，造成股价回落

3 在回落过程中，短线抛售者越来越少，同时有不少看好的投资者不断买入，因此在回落到前一波低点之前，强烈的买入氛围便阻止了股价的下跌而开始回升

4 短线卖出的获利者看到回调结束重新回升，又继续补进，同时随着股价的上升，看好的投资者数量也进一步增加而不断买入，引发股价进一步上涨

5 上涨到一定幅度后，获利抛售者再次逐渐增多，愿意买入者则因股价越来越高而不断减少，造成股价再次回落……如此循环，使得股价波动低点逐步提高

图 4-19　上升趋势线形成支撑作用的心理过程

基于这种心理，造成了上升趋势的波段价位逐渐提高。如果看好者越多，则回落时抛售者就越少，加入买方阵营者就越多，则回落的低点位置相对于前一波段低点就越高，股价上涨就越快，这也是为什么在牛市中后期股价通常会快速上涨偏离上升趋势线较远的原因。而物极必反，通常出现这种现象，也意味着上涨行情可能即将发生逆转。

丰原药业（000153）上升趋势确立，持股待涨

图4-20为丰原药业2020年9月至2021年6月的K线图。

图4-20　丰原药业2020年9月至2021年6月的K线图

从图4-20中可以看到，该股之前经历了一波大幅下跌行情，尤其是在2021年1月，该股经历了一波快速下跌行情，这也是这轮下跌的最后一跌。

在2021年2月4日，该股低开低走以3.32%的跌幅收出带长下影线阴线创出6.32元的最低价后止跌，之后股价企稳，在连续5日阳线报收的推动下开启上涨行情。

但是很快股价滞涨横盘，并在3月9日再次收出一根带长下影线的阴线后重拾升势，此时可以将2月4日和3月9日的波段低点作为基准，绘制出一条上升趋势线来观察该股的后期走势。

之后该股的回调都没跌破该趋势线，特别是4月中旬后该股出现了近两个月的大幅震荡调整行情，但是最终也在趋势线位置获得支撑止跌。

此时基本上可以确认该上升趋势线的有效性，根据其助涨性可以推断，

股价大概率会沿着此趋势线向上发展，后期股价回调到此趋势线附近时会得到支撑，除非股价在跌破趋势线时有明显的破位形态支持，否则上涨趋势不会被改变。

图 4-21 为丰原药业 2021 年 1 月至 12 月的 K 线图。

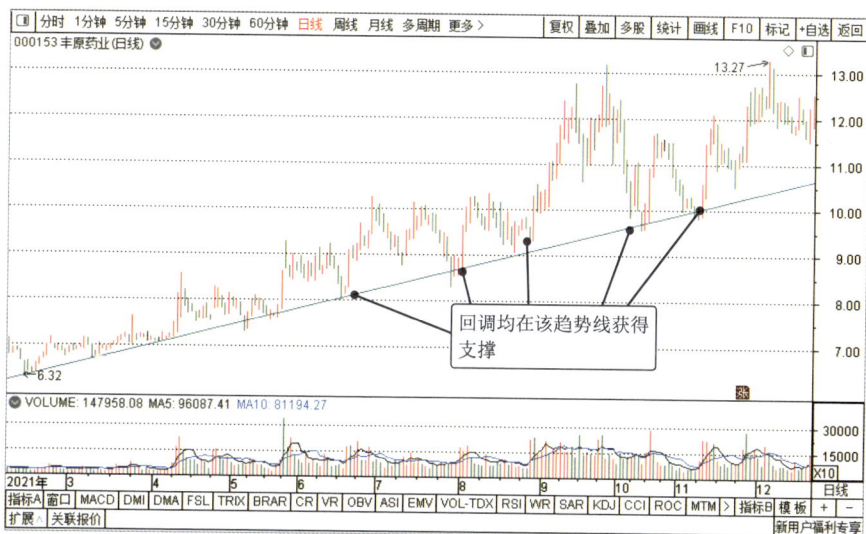

图 4-21　丰原药业 2021 年 1 月至 12 月的 K 线图

从图 4-21 中可以看到，之后该股果然在上涨趋势线上方一路向上震荡发展，走出一波长达一年的上涨行情，股价的每次回落都在趋势线的位置获得支撑止跌。

每一次股价回踩趋势线受到支撑止跌都是投资者很好的加仓点或者买入点，投资者可以果断逢低吸纳介入。只要股价不出现明显跌破趋势线的态势，投资者都可以坚定地持股待涨。

4.2.2　下降趋势线的阻力作用

许多股票在下降趋势确认后，之后的反弹大多数在上涨到这条趋势线附近时便再次拐头下跌，这就是下降趋势线的压力作用，如图 4-22 所示。

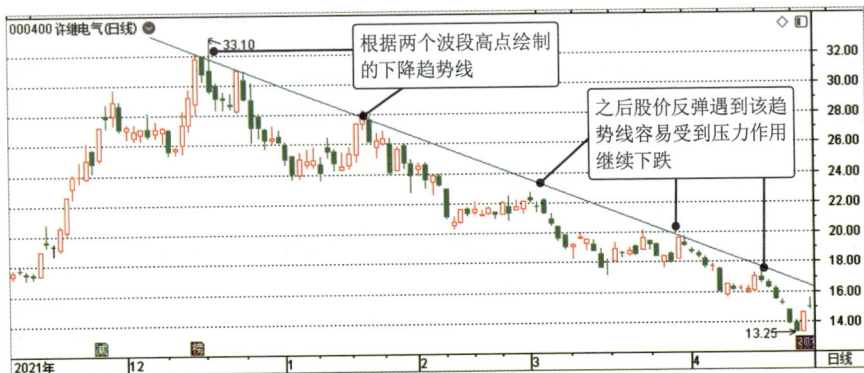

图 4-22　下降趋势线的压力作用

下降趋势线连接的是股价前行中每次反弹的高点，对股价上涨有压制作用。通常情况下，当股价反弹到下降趋势线附近时会受到压力作用而止涨，甚至回落，不会轻易突破下降趋势线，因此压力线又称为阻力线。形成压力作用的心理过程与形成支撑线的过程相反，如图 4-23 所示。

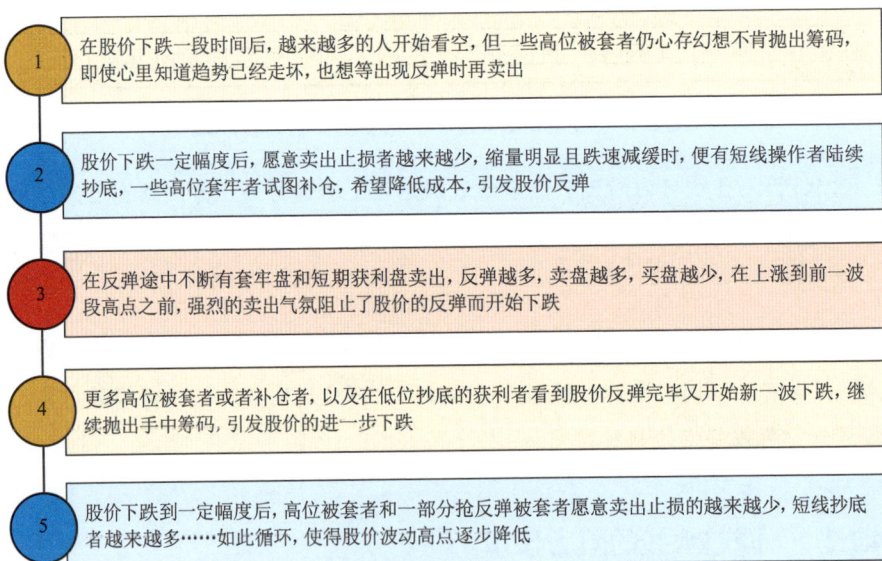

① 在股价下跌一段时间后，越来越多的人开始看空，但一些高位被套者仍心存幻想不肯抛出筹码，即使心里知道趋势已经走坏，也想等出现反弹时再卖出

② 股价下跌一定幅度后，愿意卖出止损者越来越少，缩量明显且跌速减缓时，便有短线操作者陆续抄底，一些高位套牢者试图补仓，希望降低成本，引发股价反弹

③ 在反弹途中不断有套牢盘和短期获利盘卖出，反弹越多，卖盘越多，买盘越少，在上涨到前一波段高点之前，强烈的卖出气氛阻止了股价的反弹而开始下跌

④ 更多高位被套者或者补仓者，以及在低位抄底的获利者看到股价反弹完毕又开始新一波下跌，继续抛出手中筹码，引发股价的进一步下跌

⑤ 股价下跌到一定幅度后，高位被套者和一部分抢反弹被套者愿意卖出止损的越来越少，短线抄底者越来越多……如此循环，使得股价波动高点逐步降低

图 4-23　下降趋势线形成压力作用的心理过程

基于这种心理，造成了下降趋势的波段价位逐渐降低。如果看空者越多，则反弹时抛售者就越多，加入空方阵营者就越多，则反弹的高点位置相对于前一波段高点就越低，股价整体下跌速度就越快。

实例分析

华映科技（000536）下降趋势确立，多看少动

图 4-24 为华映科技 2020 年 12 月至 2021 年 7 月的 K 线图。

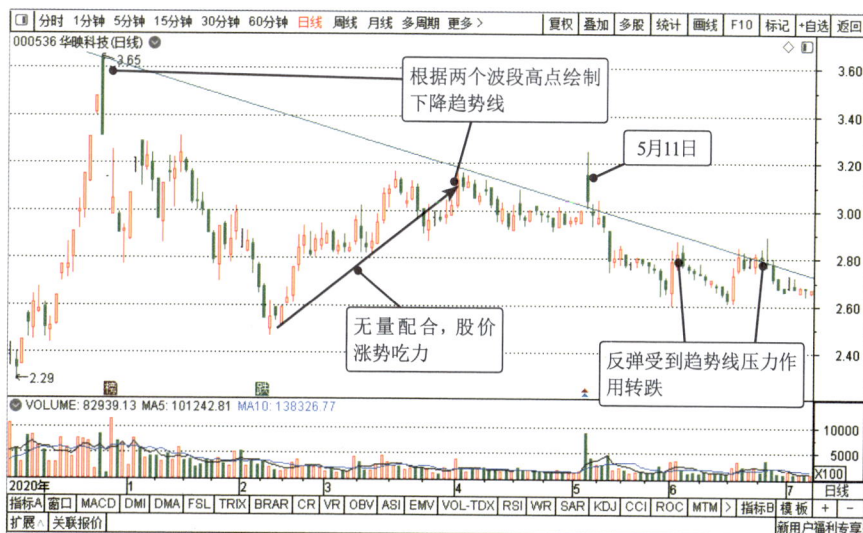

图 4-24 华映科技 2020 年 12 月至 2021 年 7 月的 K 线图

从图 4-24 中可以看到，该股在一波急速拉升后于 2020 年 12 月 25 日大幅高开后急速下跌，当日以 4.89% 的跌幅收出大阴线创出 3.65 元的最高价，之后股价回落调整在 2.50 元价位线止跌回升。

但是从后期这一波止跌回升的涨势来看，成交量十分稀少，在没有成交量的支撑下，股价上涨表现十分吃力，最终在 2021 年 3 月中下旬上涨到 3.20 元价位线附近止涨横盘，股价未至前一波段的高点便继续开始下跌，因此可以将前期最高点和此时的反弹高位这两个波段高点绘制下降趋势线。

之后股价下跌至 3.00 元下方后横盘，在 5 月 11 日反弹至下降趋势线上方，

当日以 1.33% 的涨幅收出带长上影线的阴线，说明市场抛压沉重，即使此时股价站在下降趋势线上方，但仍然受到下降趋势线的压制，随后在次日便拐头向下，证明该趋势线有效。在 6 月初和 6 月中下旬，股价再次做了两次测试趋势线的上升动作，仍然受到压制而转跌。

此时可以对下降趋势线稍作修正，使其落在更多的波段高点上。根据其助跌性可以推断，股价大概率会沿着此趋势线向下发展，后期投资者若参与了抄底行动，股价反弹到此趋势线附近时不再上涨就是短线卖出时机。

图 4-25 为华映科技 2020 年 12 月至 2022 年 5 月的 K 线图。

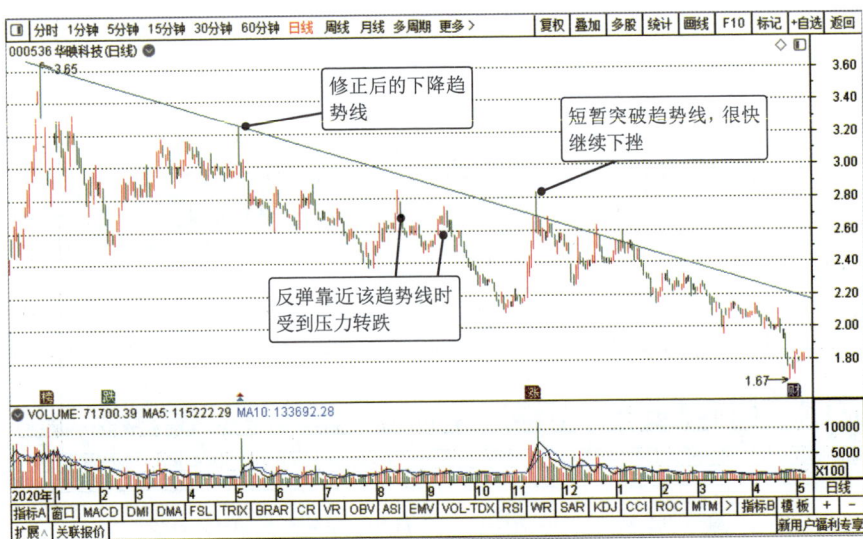

图 4-25　华映科技 2020 年 12 月至 2022 年 5 月的 K 线图

从图 4-25 中可以看到，之后该股果然继续向下发展，整个下跌持续了一年多的时间，而下降趋势线在整个下跌过程中对股价都是起到了强大的压制作用。

在这种行情下，场外投资者最好不要盲目进入，即使抢反弹也要以下降趋势线为参照标准，在股价靠近下降趋势线呈现明显的涨势无力时，就要积极抛售，落袋为安。

4.2.3　支撑与阻力作用的相互转换

支撑线和压力线的地位不是一成不变的，在有些时候它们的作用也会被改变，改变它的条件是被足够强大的股价变动突破，图 4-26 为下降趋势线被突破后变成股价支撑线的情况。

图 4-26　下降趋势线的压力作用转为支撑作用

股价没有突破趋势线之前，上涨趋势线中的每一个底部都是上涨行情的支撑，下跌趋势线中的每一个顶部都是下跌行情的阻力。但任何趋势不可能一直不变，当原有的趋势被突破，情况就会发生相应的改变。

◆ **上升趋势线由支撑变成压力作用**：上升趋势线被有效跌破后，上升趋势线的支撑作用就变成了压力作用，对股价的上升产生压制。上升趋势线的支撑作用越强，被跌破后的阻力作用也就越强。

◆ **下降趋势线由压力变成支撑作用**：下降趋势线被有效突破后，下降趋势线的压力作用就变成了支撑作用，对股价的下跌产生支撑。下降趋势线的阻力作用越强，被突破后的支撑作用也就越强。

需要注意的是，原有的趋势被改变后，趋势方向并非必定发生反转，有如下两种情况：

◆ **趋势逆转**：原来趋势被跌破或被突破后，趋势发生逆转，之后股价运行趋势与之前方向相反。

◆ **趋势延续**：原来趋势被跌破或被突破后，变成整理趋势，整理一段时间之后继续沿原来的方向发展，但如果是上升趋势，整理后再继续上涨遇到之前的上涨趋势线时会受到压力而产生回落；如果是下降趋势，整理后再继续下跌遇到原来的下降趋势线时会受到支撑而产生反弹。

在遇到趋势延续这种情况时，对于中短期投资者来说，可以以整理结束后开始的一波行情重新绘制中短期趋势线来指导操作；对于中长期投资者来说，可以调整之前的趋势线来指示更长时间周期的上升或下降趋势。

实例分析

伊力特（600197）上升趋势线支撑变压力

图 4-27 为伊力特 2016 年 1 月至 2017 年 4 月的 K 线图。

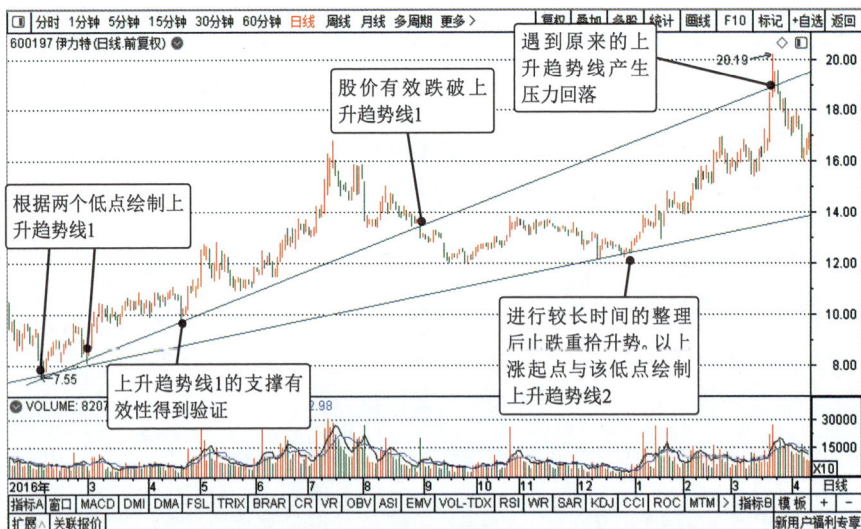

图 4-27　伊力特 2016 年 1 月至 2017 年 4 月的 K 线图

从图 4-27 中可以看到，该股在 2016 年 1 月底创出 7.55 元的最低价后企稳回升步入上涨行情，之后股价冲高回落后在 2 月底形成一个明显的回落低点，此时根据最低点和这个回调低点可以绘制出一条上升趋势线，即图中的上升趋势线 1，该趋势线在 4 月下旬得到了有效性的验证。之后股价依托该支撑线上涨到 7 月中旬开始回落，并在 9 月初被有效跌破。

但股价并未因此转为长期下跌走势，在 12.00 元至 14.00 元位置处做了一个较长时间的整理后，股价从 12 月下旬重新开始新的一波上涨。

此时中长线投资者也可以根据更大的波段低点作出代表更长时间周期的上升趋势线，如图中的上升趋势线 2。在 2017 年 3 月下旬上涨至之前的上升趋势线位置时，遇到阻力产生回落。

下面继续来看该股后市的走势。

图 4-28 为伊力特 2016 年 1 月至 2018 年 4 月的 K 线图。

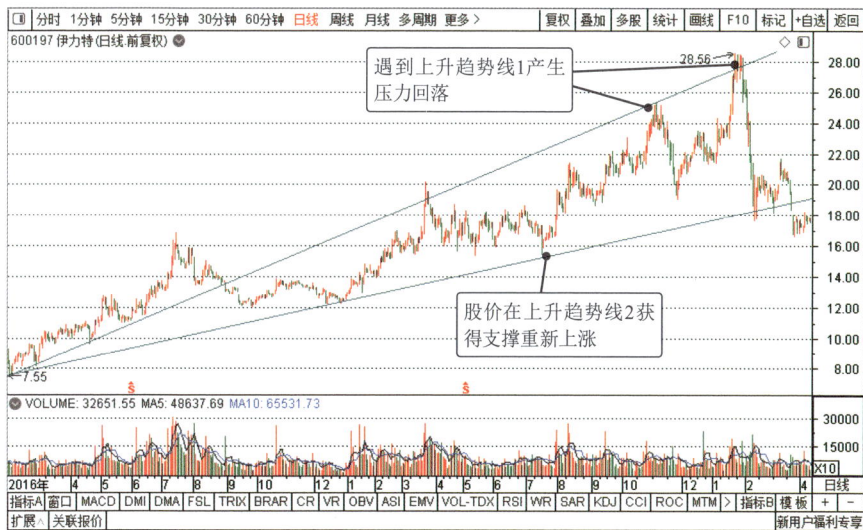

图 4-28　伊力特 2016 年 1 月至 2018 年 4 月的 K 线图

从图 4-28 中可以看到，该股在 2017 年 3 月下旬上涨至之前的上升趋势线位置受阻回落后在 16.00 元至 18.00 元再次横盘了一段时间，最终股价在上升趋势线 2 的位置获得支撑止跌后继续上涨。但是此时的上升趋势线 1 对股价的支撑作用在 2016 年 9 月被有效跌破后，成为之后股价继续上涨的压力线，股价每次上涨到该趋势线位置附近时，都受到压制回落。

之后股价稍作调整后继续上涨，在2017年11月上旬和2018年1月下旬遇到上升趋势线1时，均受到压力作用产生回落。

此时中长线投资者也可以根据更大的波段低点作出代表更长时间周期的上升趋势线。

4.3　筹码分布与趋势的结合应用

通过前面的学习我们了解到，随着股价的变化，趋势会进行对应的更改。当股价趋势发生变化后，意味着此时市场中有资金在进出。

对应的，筹码分布图就会发生改变，因此，将趋势与筹码分布相结合，可以更加准确地分析出当前趋势下资金的变化方向，从而帮助投资者制定出更加可靠的买卖策略。

4.3.1　上升行情中的筹码移动规律

个股在从"跌跌不休"的熊市进入牛市并持续上涨的过程中，筹码分布的变化过程大致如图4-29所示。

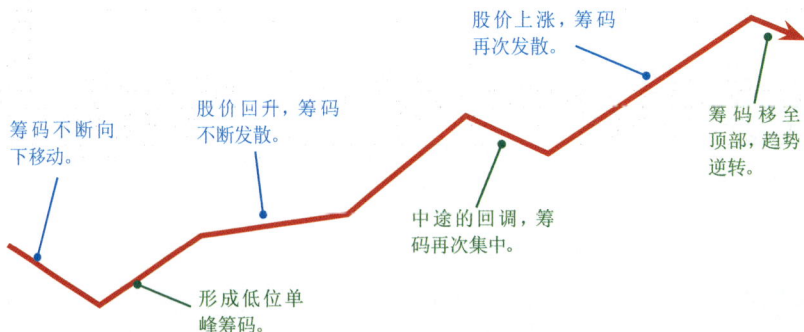

图4-29　上升行情中的筹码移动规律

个股的牛市上涨行情一般出现在一轮较长时间的熊市下跌结束之后，经过漫长的熊市下跌后，场外看涨的投资者会逐渐返回股市，推动股价企稳回升，并逐渐形成上升趋势。

为了更好地说明上涨牛市中筹码的变化规律，这里将上升牛市从形成到结束分成 3 个阶段进行说明，分别如下：

（1）第一阶段（上升趋势形成时）的筹码变化规律

在股价下跌的末期，股价创新低，成交量却非常小，虽然上方有大量筹码被套牢，但已经没有多少人愿意割肉卖出。

之后股价开始转头向上，并向上突破下降趋势线或60日均线，此时短线抄底者和上方被套牢的筹码看到一波较大的反弹会开始抛出筹码，股价被打压向下回调，但受中长期均线的支撑，不会回调太深。

在股价回调的过程中，大量高位筹码向下转移，上方抛压阻力逐渐减小，同时在低位形成筹码峰，使得上升趋势形成。

（2）第二阶段（上升趋势持续中）的筹码变化规律

上升趋势形成以后，股价将沿着上升趋势线或中期移动平均线向上发展。中途也可能会出现几段回调行情，但会受到上升趋势线的支撑作用继续上涨。

在上涨过程中，一部分低位筹码会逐步向上转移，但仍有一部分筹码面对上涨无动于衷，在筹码分布图上一般显示为低位"锁定"状态，这是股价仍将持续上涨的信号。

（3）第三阶段（上升趋势结束）的筹码变化规律

股价向下跌破上升趋势线或中长期移动平均线（通常以60日均线为准）；股价在上升趋势线或中长期移动平均线下方运行，向上反弹受到阻力再次向下。这两点通常是上升趋势结束的标志。

在上升趋势末段，主力通常会大量抛出手中所持的筹码，同时许多散户投资者也开始跟随主力抛出手中所持股票，使得筹码大量向高位转移，形成高位筹码密集区。

实例分析

海螺水泥（600585）上升趋势与筹码分布结合分析上涨行情

图 4-30 为海螺水泥 2015 年 5 月至 2016 年 4 月的 K 线图。

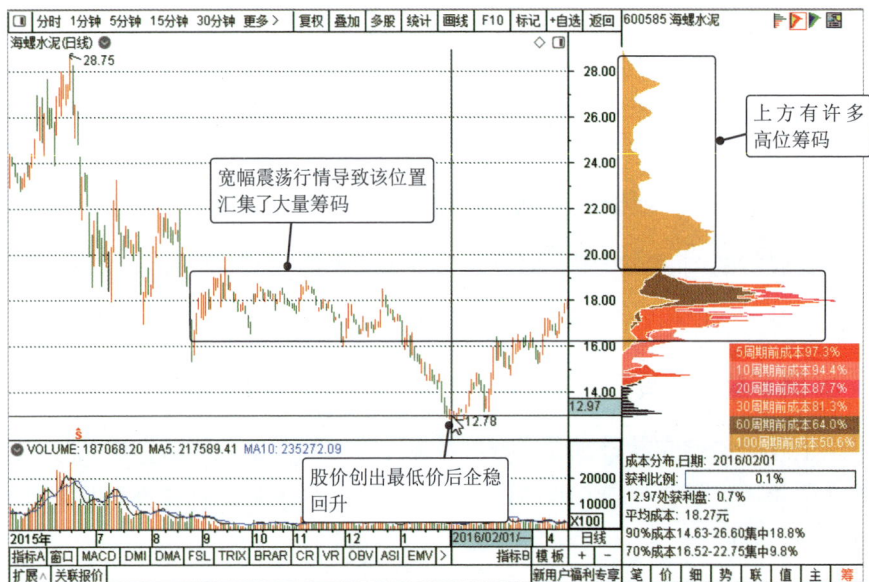

图 4-30　海螺水泥 2015 年 5 月至 2016 年 4 月的 K 线图

从图 4-30 中可以看到，该股大幅下跌后在 2015 年 8 月中下旬触及 16.00 元价位线，之后股价进入一个长期的横盘走势中，股价始终在 16.00 元至 19.00 元的价位区间横盘波动。

2016 年 1 月初，股价破位跌破横盘整理的下边线，即股价跌破 16.00 元价位线，之后股价展开一波快速下跌行情，并在 2016 年 2 月 1 日创出 12.78 元的最低价，之后股价企稳回升。

　　观察创出最低价当日的筹码分布图，可以看到，此时在上方分散存在着大量的高位筹码，而在 16.00 元至 19.00 元的价格区间，筹码分布相对集中，这主要是前期下跌低位股价长时间宽幅震荡行情导致了在该位置汇集了大量筹码。

　　图 4-31 为海螺水泥 2015 年 5 月至 2016 年 12 月的 K 线图。

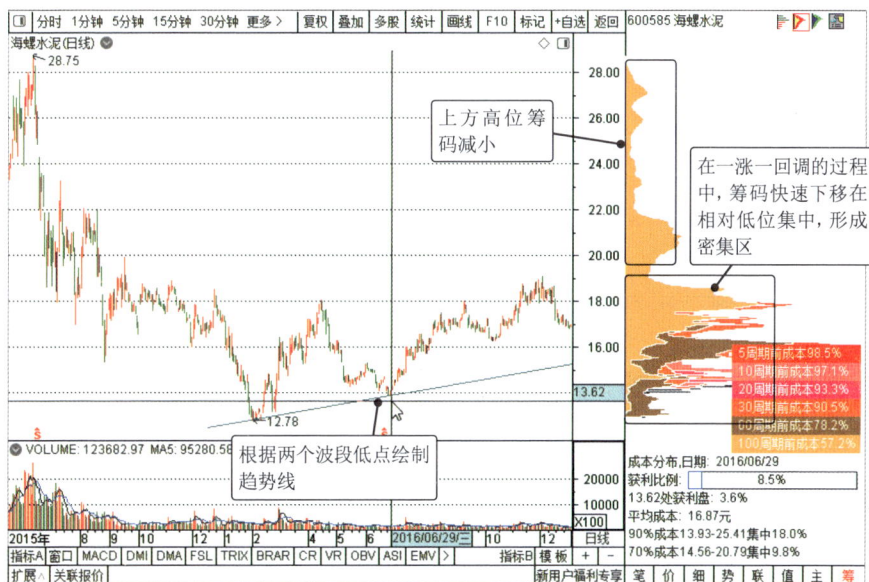

图 4-31　海螺水泥 2015 年 5 月至 2016 年 12 月的 K 线图

　　从图 4-31 中可以看到，股价止跌后经过了一波震荡拉升行情，这一波拉升持续了两个多月的时间，最终股价在 2016 年 4 月中旬上涨到阶段高位，在触及 18.00 元价位线时上涨受阻，之后股价震荡回落也有两个多月的时间，最终在 6 月底止跌，形成一个明显的低点。

　　观察 2016 年 6 月 29 日对应的筹码分布图可以发现，股价在经过这一涨一回调的过程中，前期在高位分散的筹码已经出现了明显的减小，并向下转移，而此时在下方 14.00 元至 18.00 元的价格区间中，筹码在这个相对低位形成了密集区。

　　由于股价震荡回落未跌破前期上涨起点的低点，因此，可以通过这两个重心上移的波段低点绘制出相应的上升趋势线。

图 4-32 为海螺水泥 2015 年 5 月至 2018 年 12 月的 K 线图。

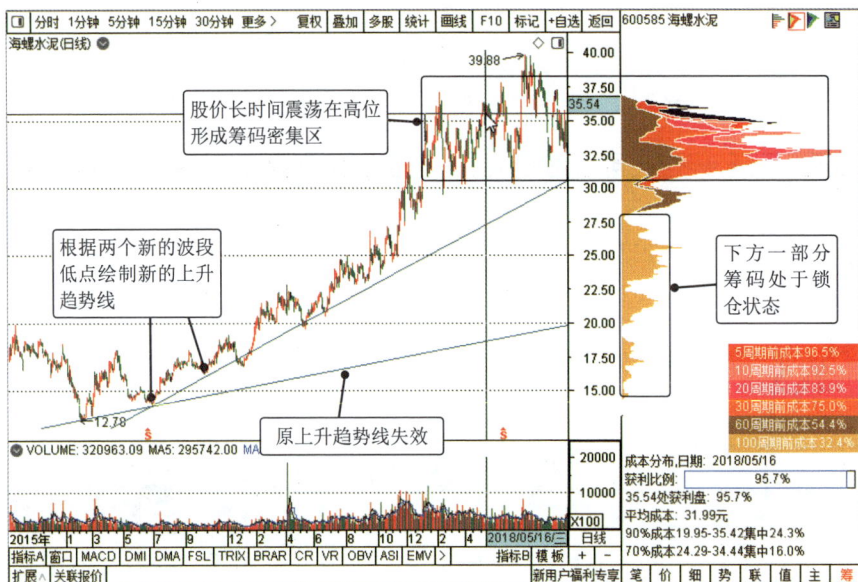

图 4-32　海螺水泥 2015 年 5 月至 2018 年 12 月的 K 线图

从图 4-32 中可以看到，该股之后加速上涨，在 2016 年 9 月阶段见顶后回落，并且于 10 月中旬在远离早期的上涨趋势线上方止跌后继续上涨，之后股价回落并在原趋势线上方止跌回升。

此时，可以根据 2016 年 6 月底和 10 月中旬这两个时间点产生的波段低点重新绘制一条新的上升趋势线，之后股价在新的上升趋势线的支撑作用下走出一波大幅上涨行情，原趋势线失效。

随着股价的不断上涨，筹码也开始向上发散，到 2018 年 2 月，股价上涨到 35.00 元价位线后出现滞涨，之后股价出现一波横向整理，整个横向整理持续的时间比较长。

在这个长期震荡的过程中，可以看到筹码形成了相对高位密集区，但下方有一部分筹码基本保持原来的形态不变，这部分筹码属于"锁仓"状态，表明上涨行情仍未结束。

图 4-33 为海螺水泥 2016 年 7 月至 2021 年 9 月的 K 线图。

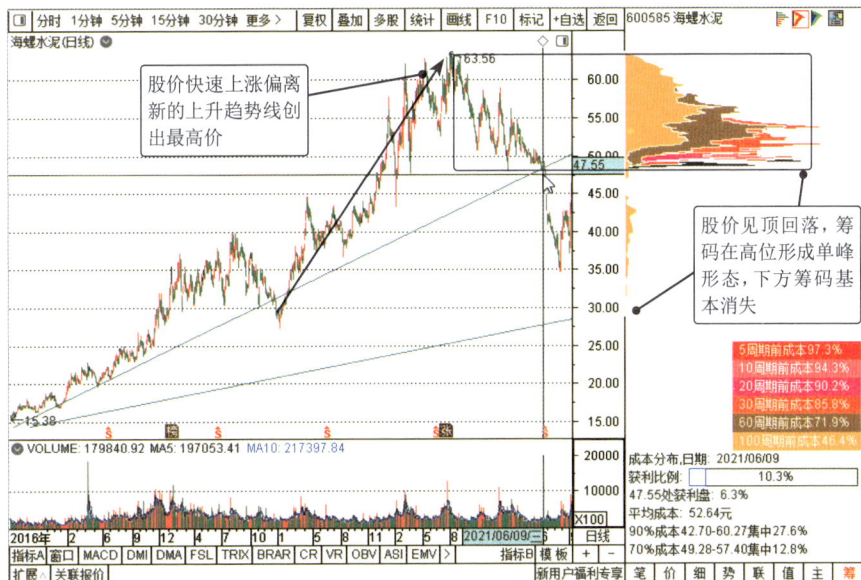

图 4-33　海螺水泥 2016 年 7 月至 2021 年 9 月的 K 线图

从图 4-33 中可以看到，该股在上涨途中经过一波长时间的整理后于 2018 年 12 月左右跌破新的上升趋势线，但是股价很快止跌被放量拉升重新站在上涨趋势线上方。

之后股价继续上涨，筹码再次向上发散，在上涨过程中也出现过几次回调，但都在偏离新的上涨趋势线上方止跌上涨。最终股价在上涨至 55.00 元的价位线后出现滞涨，并在创出 63.56 元最高价后出现明显的回落。

从趋势线的角度分析来看，股价已经偏离了新的趋势线比较远，股价创出新高后回落，向新趋势线靠近的概率比较大，而且此时股价相对于上涨初期的 12.78 元来说，涨幅已经超过 397%，在大幅上涨的高位出现滞涨行情，同样发出了见顶的信号，此时，稳健的投资者最好抛售出局，落袋为安。

下面再从筹码分布图来进行分析，随着股价的不断上涨，在股价创出最高价并回落的这一过程中，下方筹码不断上移汇集到高位。

在 2021 年 5 月底到 6 月初，股价跌破了新的上升趋势线，对应的筹码分布图中显示，筹码在高位呈单峰密集形态，下方低位筹码几乎消失，可以更加确认主力已经完成了出货，股价跌破趋势线更加说明趋势已经逆转，此时投资者要果断清仓出局，规避行情下跌风险。

知识拓展 **上升趋势形成后也需警惕牛市行情的夭折**

在第二阶段中，低位的筹码密集区和逐步向上转移的筹码很容易形成"双峰填谷"的形态，一旦出现这种情况，有可能造成上升趋势的结束；或者可能出现一波较大幅度的回调，投资者应警惕风险。

如果是一轮长期牛市行情，则在上涨过程中有可能出现几次整理行情形成几次筹码单峰，也可能形成多峰形态。

4.3.2　下跌行情中的筹码变动规律

个股在从轰轰烈烈的上涨牛市进入深不可测的熊市并持续下跌的过程中，筹码分布的变化过程大致如图 4-34 所示。

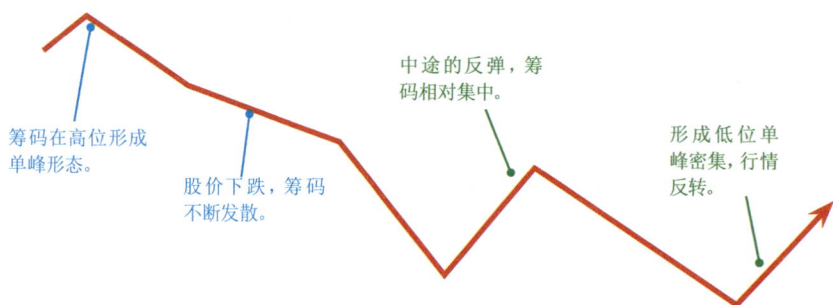

中途的反弹，筹码相对集中。

筹码在高位形成单峰形态。

股价下跌，筹码不断发散。

形成低位单峰密集，行情反转。

图 4-34　下跌行情中的筹码变动规律

由于在牛市即将结束时，大量筹码会移动到高位区，这会成为股价上涨的阻力，同时也是股价下跌的动能，而整个熊市中，筹码的移动趋势就是筹码从高位向低位转移的过程。

下跌熊市也可分为下跌趋势形成时、下跌趋势持续中和下跌趋势结束三个阶段，其筹码变化规律与上升趋势大致相同，不再赘述。

实例分析

华鑫股份（600621）下降趋势与筹码分布结合分析下跌行情

图 4-35 为华鑫股份 2018 年 8 月至 2021 年 4 月的 K 线图。

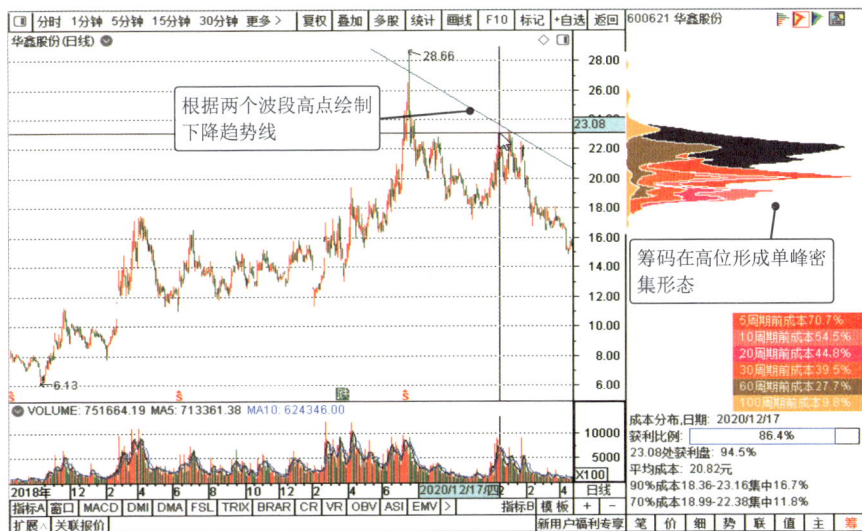

图 4-35　华鑫股份 2018 年 8 月至 2021 年 4 月的 K 线图

从图 4-35 中可以看到，该股在前期经历了一波大幅上涨行情，股价从 6.13 元最高上涨到 28.66 元，涨幅达到 368%。该股在以带长上影线的小阴线收盘创出最高价后见顶回落。

之后股价在 18.00 元价位线止跌回升，但是此时上涨并没有到达前期高点便回落，说明上涨结束，行情已经从之前的上升趋势逆转下跌。

观察对应的筹码分布图可以发现，在前期股价大幅上涨的过程中，筹码不断被转移到高位，在这一波下跌回升过程中，筹码在高位形成单峰密集形态。

通过近期两个明显的波段高点可以绘制出对应的下降趋势线。

图 4-36 为华鑫股份 2020 年 5 月至 2022 年 5 月的 K 线图。

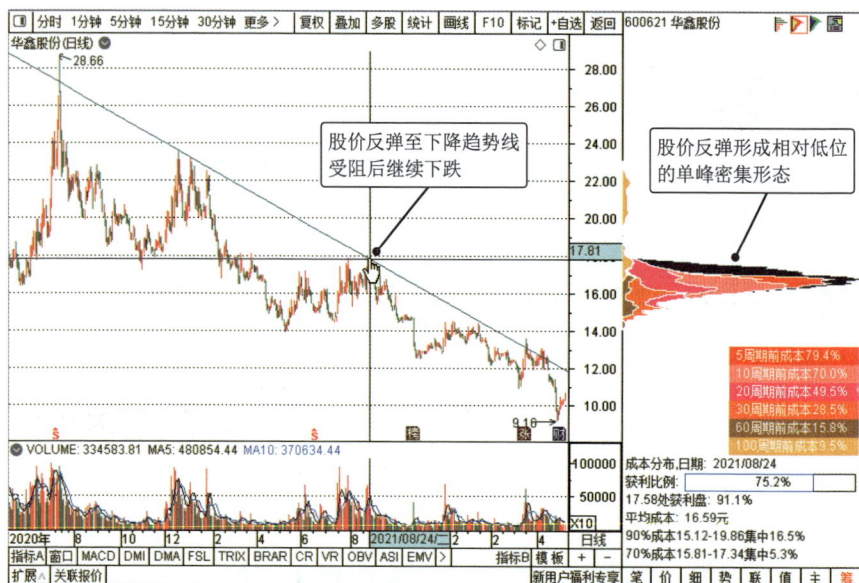

图 4-36　华鑫股份 2020 年 5 月至 2022 年 5 月的 K 线图

从图 4-36 中可以看到，该股之后进入了一波快速下跌行情中，在 2021 年 5 月左右，股价下跌到 14.00 元价位线后止跌，之后股价震荡反弹。观察对应的筹码分布图可以发现，在股价下跌过程中，筹码不断向下发散，最后在震荡反弹过程中，上方筹码下移，并在股价反弹过程中形成低位单峰密集形态。此时行情虽然具备了可反转的前提条件，但投资者不要盲目介入，此时还需观察是否满足下降趋势转折的特征，再决定是否介入。

实际上，该股在反弹到下降趋势线附近时并没有突破趋势线，而是受到趋势线的压制受阻回落，之后股价继续长时间下跌。此时反弹位置形成的相对低位的筹码密集形态成为之后股价上涨的重要压力位。如果这个位置的筹码不被消化，那么行情就不会反转上涨。

由此更加可以看出，将筹码分布与趋势理论结合使用，可以极大地提高研判的准确性，降低分析失误的概率，从而保证了投资的安全。

第 5 章

筹码形态与波浪理论结合实战

　　由于大多数股票在一个长期趋势中都包含数个次要趋势而使股价整体呈波浪形走势，因此，波浪理论也是比较经典的趋势分析技术理论。本章就来具体介绍筹码形态与波浪理论结合寻找买卖时机的综合实战。

5.1 波浪理论快速入门

艾略特波浪理论可简称为波浪理论，它是股票技术分析的一种理论，是对市场如何表现的细致刻画。为了更好地帮助投资者将波浪理论与筹码分布结合起来，我们先来对波浪理论进行一个大致的了解。

5.1.1 波浪理论的由来、发展和完善

波浪理论是 20 世纪 30 年代由美国著名证券分析师拉尔夫·纳尔逊·艾略特利用道琼斯工业平均指数作为研究工具发现的一种价格趋势预测工具。

在艾略特之后，又出现了几位伟大的波浪预测家，如艾德森·高尔德、乔治·谢弗以及哈密尔顿·博尔顿，他们都对波浪理论的发展和不断完善做出了重要贡献，具体如图 5-1 所示。

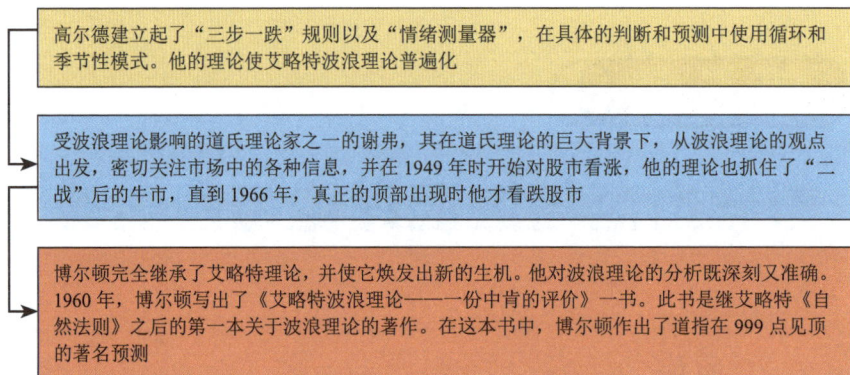

高尔德建立起了"三步一跌"规则以及"情绪测量器"，在具体的判断和预测中使用循环和季节性模式。他的理论使艾略特波浪理论普遍化

受波浪理论影响的道氏理论家之一的谢弗，其在道氏理论的巨大背景下，从波浪理论的观点出发，密切关注市场中的各种信息，并在 1949 年开始对股市看涨，他的理论也抓住了"二战"后的牛市，直到 1966 年，真正的顶部出现时他才看跌股市

博尔顿完全继承了艾略特理论，并使它焕发出新的生机。他对波浪理论的分析既深刻又准确。1960 年，博尔顿写了《艾略特波浪理论———一份中肯的评价》一书。此书是继艾略特《自然法则》之后的第一本关于波浪理论的著作。在这本书中，博尔顿作出了道指在 999 点见顶的著名预测

图 5-1　波浪理论的不断完善

波浪理论经过不断补充已经形成了比较完善的理论体系。在波浪理论的指导下，投资者可以对股市的发展作出准确的判断和预测，这不仅丰富了投资者获得和处理市场信息的能力，而且提供给投资者一种全新的股票操作技术。

知识拓展　道琼斯工业平均指数

　　道琼斯工业平均指数（Dow Jones Industrial Average，DJIA，简称"道指"）是由《华尔街日报》和道琼斯公司创建者查尔斯·道创造的几种股票市场指数之一，是道琼斯指数 4 组中的第一组，他把这个指数作为测量美股市场上工业构成的发展。图 5-2 为道琼斯工业平均指数 2022 年 1 月至 5 月的 K 线图。

　　（道琼斯指数的其他 3 组分别是道琼斯运输业股价平均指数、道琼斯公用事业股价平均指数和道琼斯股价综合平均指数，他们共同构成的道琼斯指数是目前世界上影响最大、最有权威性的股票价格指数，因此能比较充分地反映整个股票市场的动态，常被用作观察世界市场变化的晴雨表）。

图 5-2　道琼斯工业平均指数 2022 年 1 月至 5 月的 K 线图

5.1.2　波浪的基本形态

　　波浪理论应用在股票市场中有一个基本的形态，即一个完整的八浪循环，由上升五浪和下跌三浪组成。

在八浪基本形态中，8 个波浪通用的命名方式为：浪 1（启动浪）、浪 2（首次调整浪）、浪 3（发展浪）、浪 4（二次调整浪）、浪 5（冲高浪）、浪 A（首次下跌浪）、浪 B（反弹浪）和浪 C（二次下跌浪），其对应的示意图如图 5-3 所示。

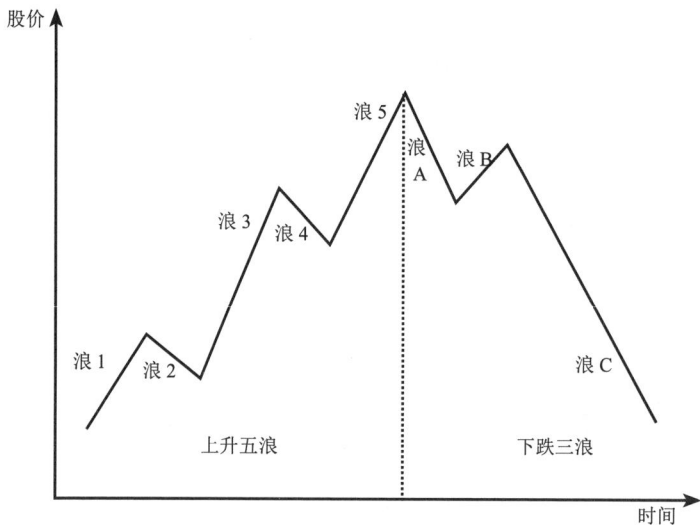

图 5-3　八浪基本形态示意图

5.1.3　波浪的基本模式

一个完整的波浪周期包含了上升与下跌两个阶段。在波浪的基本形态中，上升阶段由 5 段波浪组成，称为五浪模式，下跌阶段由 3 段波浪组成，称为三浪模式，这就是波浪的两种基本模式。

下面对五浪模式和三浪模式进行具体介绍。

（1）五浪模式

五浪模式由上升阶段中的 5 个小浪组成，通常表示为浪 1～浪 5。五浪模式的趋势与整个行情的大趋势是一致的，起推动作用，推动股价向大一级波浪的方向运行，如图 5-4 所示。

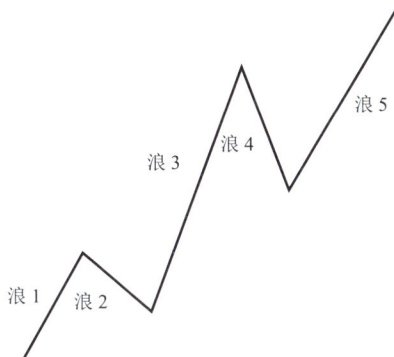

图 5-4　五浪模式

在五浪模式中，浪 1、浪 3、浪 5 这 3 个浪为上升趋势中的顺势推动浪，是真正影响股价发展方向的 3 个浪。

浪 2 和浪 4 两个浪为上升趋势中的浪 1 和浪 3 的逆势调整浪。对于将要发生的行情，这两个逆势调整浪是必不可少的，因为股价不可能一味地上涨，也需要有逆势的调整为后期的继续上涨积蓄力量。

波浪理论的五浪模式中有一些普遍存在的规律，这也是波浪理论最为经典的理论，实战中非常好用。

◆　浪 2 永远不会运动到低于浪 1 的起点。

◆　浪 3 永远不是最短的一浪。

◆　浪 4 永远不会低于浪 1 的顶部。

由此我们可以很好地理解五浪模式中各小浪的意义，具体如下。

◆　**浪 1**：循环的开始，出现在长期下跌后的反弹中或长期横盘整理之后。

◆　**浪 2**：浪 1 的逆向调整浪，通常调整幅度较大。

◆　**浪 3**：循环的主力，上涨时间较长，爆发力最强，肯定不是持续时间最短的一浪。

◆　**浪 4**：浪 3 的逆向调整浪，以较为复杂的形态出现，其低点不会低于浪 1 的高点。

◆　**浪 5**：上升期的最后一浪，上涨力度不定。

下面来看一个实战中的五浪模式。

实例分析

神州数码（000034）实战中的五浪模式

图 5-5 为神州数码 2018 年 12 月至 2020 年 12 月的 K 线图。

图 5-5 神州数码 2018 年 12 月至 2020 年 12 月的 K 线图

从图 5-5 中可以看到，在股价创出 10.40 元的最低价后，浪 1 开启。整个浪 1 发展较快，仅一个月左右的时间。在这一期间，成交量温和放大。随后在 2019 年 3 月初，该股上涨到 17.50 元价位线附近后出现滞涨回落，开启浪 2 调整。

在整个浪 2 回调过程中，成交量出现快速缩小，此轮回调经历近 5 个月的时间，最终回调到 12.50 元价位线附近受到支撑，该价格并没有跌破浪 1 的低点 10.40 元，说明浪 2 的回调是有效的。

接着股价企稳回升，开启浪 3，这一浪是这一轮上涨中最值得期待的，整个上涨从 2019 年 8 月中旬开始，一直上涨到 2020 年 3 月中旬左右，整个上涨过程中，成交活跃，股价也在成交量不断放大的推动下从 12.50 元附近上涨到 33.00 元上方，涨幅达到 164%。

在大幅上涨后必有回调，之后股价也步入了下跌回调中，浪 4 启动。整个浪 4 的下跌幅度是比较大的，但是最终也在 22.00 元价格附近止跌，这一价格远远在浪 1 顶部的 17.50 元之上。

之后股价快速止跌重拾升势进入浪 5。从浪 5 的走势来看，在每一次的上涨高点伴随着成交量的巨大放量，但是在拉升阶段的成交量却明显不足，在上涨无量的支撑下，注定涨势不大。最终在创出 36.66 元的最高价后见顶回落，浪 5 结束，整个上升五浪也结束。

（2）三浪模式

三浪模式由下跌阶段中的 3 个小浪组成，通常表示为浪 A、浪 B 和浪 C，如图 5-6 所示。

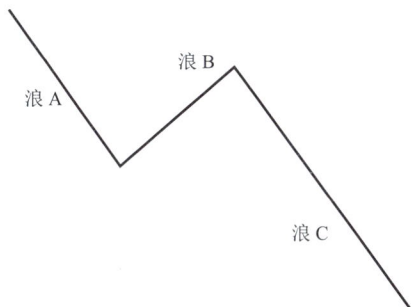

图 5-6 三浪模式

三浪模式的趋势与整个行情的大趋势是相反的，起调整作用，将股价拉回到正常价位，为后市的发展积蓄力量。

在三浪模式中，浪 A 和浪 C 是下跌趋势中的顺势推动浪，浪 B 的反弹是对浪 A 下跌的一个逆势调整，因此在波浪理论中，不是所有的推动浪都是向上的，也不是所有的调整浪都是向下的。

对三浪模式中的各小浪也有各自的意义，具体如下：

◆ 浪 A：股价真正下跌的开始，出现在浪 5 的后期，其跌幅可能很大，

也可能很小，当浪A以较小跌幅开启时，容易让投资者误认为是上涨
没有结束。

◆ **浪B**：浪A的反弹浪，反弹幅度并不稳定，容易让人误以为是另一波
上涨的开始。

◆ **浪C**：破坏力最强的一浪，通常会持续很长一段时间，整个下跌幅度
也会比较大。

下面来看一个实战中的三浪模式。

实例分析

北方国际（000065）实战中的三浪模式

图5-7为北方国际2018年6月至2021年1月的K线图。

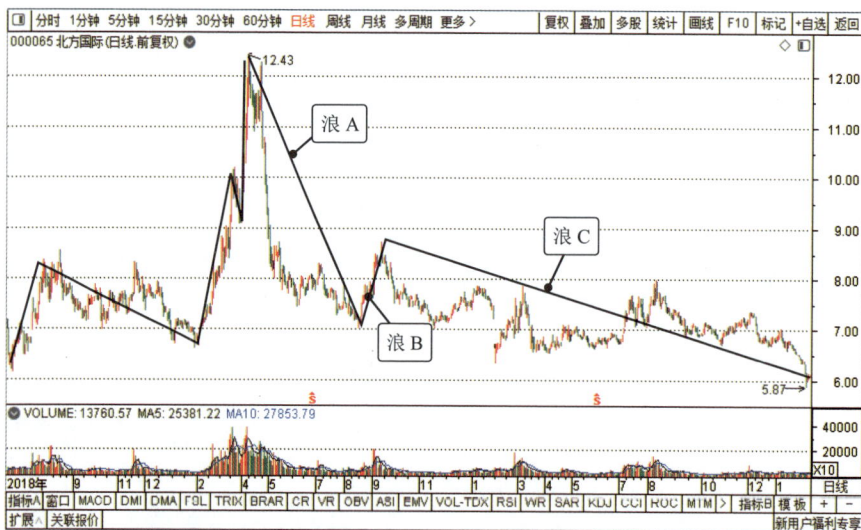

图5-7　北方国际2018年6月至2021年1月的K线图

从图5-7中可以看到，该股在经历了一波五浪上涨后在12.43元见顶结
束上升五浪，之后股价见顶回落形成浪A。在一波连续阴线推动作用下，使
得浪A的下跌比较凶猛。在8.00元价位线附近，该股跌势减缓，最终在7.00
元的价位线附近止跌反弹开启浪B。

但是整个反弹上涨走势比较吃力，期间并没有良好的量能支撑，在浪 B 反弹高位却出现非常大的成交量，这是主力借助反弹出货的一种策略，最终股价在 9.00 元价位线下方结束反弹，股价拐头向下进入浪 C。

从浪 C 的走势来看，更是漫长的下跌，一举将股价拉低到 5.87 元。从该股这一阶段的八浪走势来看，整个下跌三浪完全跌尽了上升五浪带来的上涨，由此可见，波浪理论对股价走势的研判以及买卖点的分析意义有多大。

5.1.4　波浪的等级划分

理想的情况下，八浪循环模式的每个浪都是单一方向运行的，但是在实际的股市行情中，股价的波浪形态往往是千变万化的，那么如何划分和有效地识别它们便成为一个关键问题。

> **知识拓展**　**对待波浪理论的态度**
>
> 根据对波浪理论的看法不同，大致可以将投资者对波浪理论的态度划分为两大类。
>
> 一类是过于沉醉，认为波浪理论完全可以独立使用，其他技术分析都是点缀而已，轻易相信波浪理论的趋势预测，以预测代替现实。
>
> 另一类是基于波浪理论的计算方式，是神秘数字论，因此认为其不足为信，有偶然的角色，其功能并不是科学分析的结果，容易被误导。
>
> 这两类绝对肯定和绝对否定都不可取，我们应该用辩证的思维对待波浪理论。

下面就从波浪的循环和波浪等级划分两个方面分别进行介绍。

（1）波浪的循环

在波浪理论中，有一条基本信条：时间的长短不会改变波浪的形态，因为市场仍会依照其基本的形态发展。波浪在其运行过程中可以拉长，可以缩短，但其根本的形态则永恒不变。

由此可以得出，随着时间的推移，股价的波动变化始终会按照八浪模式循环变化。即一个完整的八浪形态之后，又会有另一个八浪形态的产生，如此往复下去就会形成一个复合结构，这就是波浪的循环往复。

随着波浪系统的逐步完善，更高级别的波浪循环形态便会产生，图 5-8 为波浪复合形态。

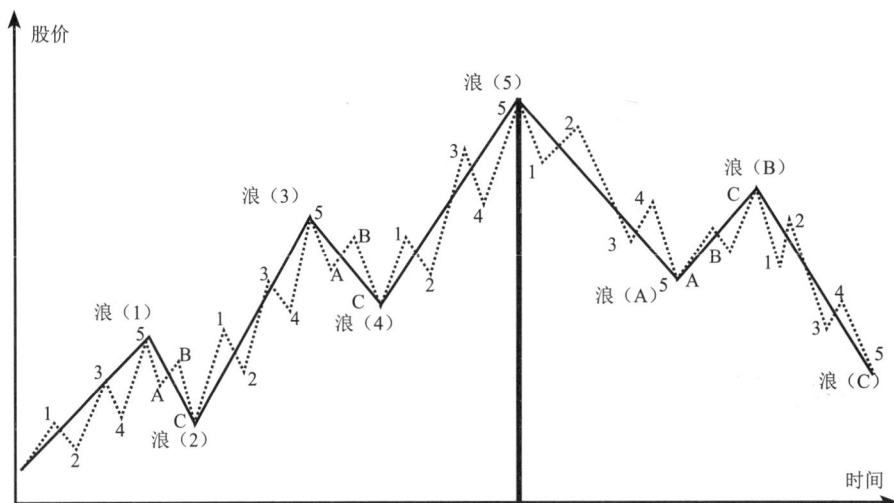

图 5-8　波浪复合形态

（2）波浪等级划分

在对波浪循环有了基本认识后，我们可以知道，在一个超级循环的波浪中，可能嵌套了多个时间相对较短的八浪模式，其分析的方法都是差不多的，唯一不同的是其涉及的波浪级数高低不一样而已。为了更加清楚地标识和辨别每一个波浪，就出现了划分波浪的等级。

艾略特在波浪理论中将波浪级数分为九级：特大超级循环级、超级循环级、循环级、基本级、中型级、小型级、细级、微级、次微级。不同等级的波浪符号标识见表 5-1。

表 5-1　各级波浪符号标识

波浪等级	上升阶段的波浪	下跌阶段的波浪
特大超级循环级	Ⓘ、Ⓘ、Ⓘ、Ⓘ、Ⓥ	ⓐ、ⓑ、ⓒ
超级循环级	（Ⅰ）、（Ⅱ）、（Ⅲ）、（Ⅳ）、（Ⅴ）	（a）、（b）、（c）
循环级	Ⅰ、Ⅱ、Ⅲ、Ⅳ、Ⅴ	a、b、c
基本级	①、②、③、④、⑤	Ⓐ、Ⓑ、Ⓒ
中型级	（1）、（2）、（3）、（4）、（5）	（A）、（B）、（C）
小型级	1、2、3、4、5	A、B、C
细级	ⓘ、ⓘ、ⓘ、ⓘ、ⓥ	ⓐ、ⓑ、ⓒ
微级	（i）、（ii）、（iii）、（iv）、（v）	（a）、（b）、（c）
次微级	i、ii、iii、iv、v	a、b、c

对于波浪的级别与层次划分，上表中的表述方法并不是唯一的，在实战应用中，投资者可以根据自己的习惯和喜好进行自定义标识，只要自己能够清楚地识别即可。

此外，波浪的级别可以简单，也可以复杂，但是无论怎么划分，都应该以基本形态为准。

下面通过一个实例来识别波浪的等级。

实例分析

天健集团（000090）波浪等级识别

图 5-9 为天健集团 2018 年 12 月至 2020 年 7 月的 K 线图。

图 5-9　天健集团 2018 年 12 月至 2020 年 7 月的 K 线图

从图 5-9 中可以看到，在这段时间内包含了两个层级的波浪循环结构，最高层级波浪为：浪 1- 浪 2- 浪 3- 浪 4- 浪 5，其中，浪 5 由一段次一级的上升五浪构成（图中的虚线部分），具体为：小浪 1- 小浪 2- 小浪 3- 小浪 4- 小浪 5。

5.1.5　波浪的延长

从上个例子可以了解到，八浪基本模型中的每一个波浪都可能存在更小级别的子浪，这些子浪会延长波浪的长度，加剧上涨或者下跌的幅度，这种现象就是波浪的延长。发生延长的浪就是延长浪。

在上升五浪中，浪 1、浪 3 和浪 5 都可能发生波浪的延长，即浪 1、浪 3 和浪 5 都可能再添上额外的五小浪结构，形成其延长的形式。其结构示意图如图 5-10 所示。

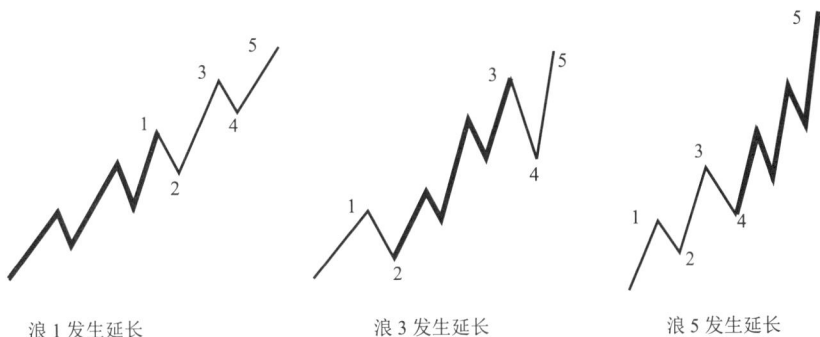

浪 1 发生延长　　　　　　浪 3 发生延长　　　　　　浪 5 发生延长

图 5-10　延长浪示意图

　　虽然延长浪可能发生在浪 1、浪 3、浪 5 中的任何一浪中，但是这 3 浪中发生延长浪的概率是不一样的。

　　在证券市场上，浪 1 发生延长的情况是非常少见的，浪 5 发生延长现象的情况相对多一些，而最容易发生延长的是浪 3。

　　为什么说浪 3 最容易发生延长呢？下面具体来了解一下。

　　在浪 3 产生之前，股价经过了浪 1 的筑底上涨和浪 2 的回调整理，主力已经基本完成了建仓操作，之后就会进入拉升阶段。因此在浪 3 这一阶段，就是主力发挥的重要阶段，资金实力雄厚的主力可以在此阶段连续拉升股价，完成浪 3。

　　但是资金量相对较小，或者持有筹码较少的主力，此时主要采取边拉边洗的方法拉升股价，由此产生浪 3 的延长。

　　同时，根据前面上升五浪中的规律二，浪 3 是最具爆发力的一浪，也可以证明浪 3 发生延长的可能性较大。

5.1.6　波浪的特征

　　波浪理论在股市中的应用非常广泛，对市场的预测也是比较准确的，但准确的前提是要能正确地识别波浪，这就需要了解波浪的特征。这里我们将一个完整的波浪循环中每个小浪的特征列举出来，以方便读者查阅。

◆ 浪1——循环的开始

浪1是整个波浪的开始，也是最难分辨的一浪。波浪循环开始时，通常大多数投资者并不会马上意识到上升波段已经开始。因而在实际走势中，大约半数以上的浪1属于筑底形态的一部分。

由于浪1一般产生于空头市场的末期，此时，市场上的空头气氛以及习惯于空头市场操作的手法还没有改变，因此，跟随着属于筑底类型的浪1而出现的浪2的下调幅度，通常都较大。

◆ 浪2——上冲力量的汇聚

浪2的回调主要是对浪1上涨的一个修正，其目的是清理前期的套牢盘和浮筹，为后市的发展积蓄力量。

由于浪2是五浪中的第一个调整浪，面对前期的下跌，部分投资者在面对这种回调时，容易产生怀疑，尤其对于浪1涨幅不大的情况下，更容易让人猜测此时仍然处于下跌行情中，主力则成功迷惑散户，使得散户看不出主力的真正用意。这时投资者应坚定信心，继续持股。

浪2的特点是成交量逐渐萎缩，波动幅度渐渐变窄，反映出抛盘压力逐渐衰竭，经常出现如头肩底、双重底等传统的转向形态。

◆ 浪3——绝对不会短

上升五浪中的3个上涨浪，浪3是最具爆发力的一浪，往往是推动股价上涨的主要推动浪，并且也是上涨五浪中最容易发生延长的一浪。

在浪3开启后，随着股价的上涨，当浪3超出浪1的顶部，成交量也随之增大，这代表着各种传统的突破信号，以及道氏理论中的买入信号，一场真正的牛市就在此形成。

大多数情况下，浪3具有以下几个特点。

①浪3的运行时间通常会是整个循环浪中最长的一浪，其上升的空间和幅度也会很大。

②浪 3 经常会发展成一涨再涨的延伸浪。

③浪 3 的成交量急剧放大，体现出具有上升潜力的量能。

④浪 3 在运行过程中，经常会出现向上跳空缺口。

◆ 浪 4——回调的低点不会跌破浪 1 的高点

第 4 浪出现在浪 3 的大幅上涨之后，是对浪 3 的一次回调加固。第 4 浪通常以三角形整理形态出现，而这种形态的主要特点是结束点很难预测。

但是第 4 浪有一个非常重要的特点，也是其成为第 4 浪的最主要依据，那就是它回调的低点绝对不能低于浪 1 的高点。

◆ 浪 5——把握加速赶顶机会

第 5 浪是三大推动浪之一，但其涨幅在大多数情况下要比浪 3 小。浪 5 的特点是市场人气较为高涨，这时往往乐观情绪充斥着整个市场。

但从浪 5 完成的形态和幅度来看，经常会以失败的形态告终。第 5 浪也是我们常说的"鱼尾"，也是主力资金出货的主要阶段，普通投资者在此阶段买入很容易被套。

但也可以适当关注第 5 浪有超预期表现的个股，通常表现为加速赶顶，股价短期涨幅大，适合短线投资者快进快出。

◆ 浪 A——开启下跌周期

浪 A 的出现是紧随着浪 5 而产生的，很多时候，市场上大多数投资者会认为股势仍未逆转，只将其看为一个短暂的调整。但是浪 A 来势汹汹，一般最初几个交易日会出现大跌。

◆ 浪 B——下跌过程中的反弹，参与难度大

浪 B 的上升常常是多方的"单相思"，升势较为情绪化，这主要是市场上大多数投资者仍未从牛市冲天的行情中醒悟过来，还以为上升走势尚未结束。

从成交量上看，在浪 B 上升过程中，成交量稀少，出现明显的量价背离现象，上升量能已接济不上。

◆ 浪 C——最漫长的等待

浪 B 的完成使许多市场人士醒悟，一轮多头行情已经结束，继续上涨的希望渺茫。大多数人的割肉使得股价一再低落，持续了很长一段时间。

5.2　筹码分布与波浪理论的结合应用

通过前面的内容我们对波浪理论有了初步的认识，也了解到波浪理论的一些特性，通过波浪理论可以很好地判断股价的大体趋势。

但是任何一个技术单独使用都存在一定的缺陷，筹码分布作为分析主力动向的一个技术手段，如果将其与波浪理论结合，则可以更加准确地分析出在一段趋势下的主力动向，这就提高了投资者投资获胜的概率。下面通过具体的实例讲解波浪理论与筹码分布结合使用的意义。

5.2.1　低位密集峰抓主升浪

一般情况下，浪 3 是整个波浪循环中上涨幅度最大的一浪，如果投资者能准确地抓住浪 3，把握良好，必定会有所收获。

当浪 2 结束、浪 3 启动时，筹码分布图中通常会在低位出现筹码密集峰，同时股价会在 60 日均线上方回落，但在均线附近受到支撑，这是浪 3 开始的两个重要特征。

下面来看一个案例。

实例分析

奥特佳（002239）低位密集峰抓主升浪

图 5-11 为奥特佳 2019 年 7 月至 2020 年 1 月的 K 线图。

图 5-11　奥特佳 2019 年 7 月至 2020 年 1 月的 K 线图

从图 5-11 中可以看到，股价在 2019 年 7 月下跌到 1.80 元价位线后出现止跌走势，之后股价围绕 1.80 元的价位线横盘整理，但在 8 月初的连续阴线作用下，该股继续出现快速下跌行情，最终在 2019 年 8 月 15 日创出 1.56 元的最低价后止跌回升，浪 1 开启。

在前期的大幅下跌行情中，60 日均线始终向下运行，对股价起到压制作用。随着股价止跌回升，60 日均线的跌势也得到缓解。在 8 月 30 日，股价跳空高开以涨停大阳线拉高股价站到了 60 日均线上方。

次日，股价继续大幅高开，但是由于 60 日均线并没有出现明显的企稳，因此大部分人还是认为市场会继续下跌，盘中抛压沉重，当日股价一路下跌以大阴线报收。之后股价阶段见顶回落，浪 1 结束，浪 2 开启。

随着浪 2 的回落调整，股价最终在 1.70 元价位线附近止跌，并保持在 1.65

元至 1.85 元的价格区间窄幅波动，此时 60 日均线也走平，与股价纠缠在一起。

2019 年 12 月 31 日，股价以 2.30% 的涨幅收出大阴线站在 60 日均线上方，并且在短暂横盘两个交易日后于 2020 年 1 月 6 日继续以涨停大阳线在 60 日均线上方突破 1.85 元的震荡压力位，这是否预示着浪 2 调整结束，浪 3 开启了呢？

下面结合筹码分布图来进行具体分析。

图 5-12 为奥特佳 2019 年 5 月至 2020 年 8 月的 K 线图。

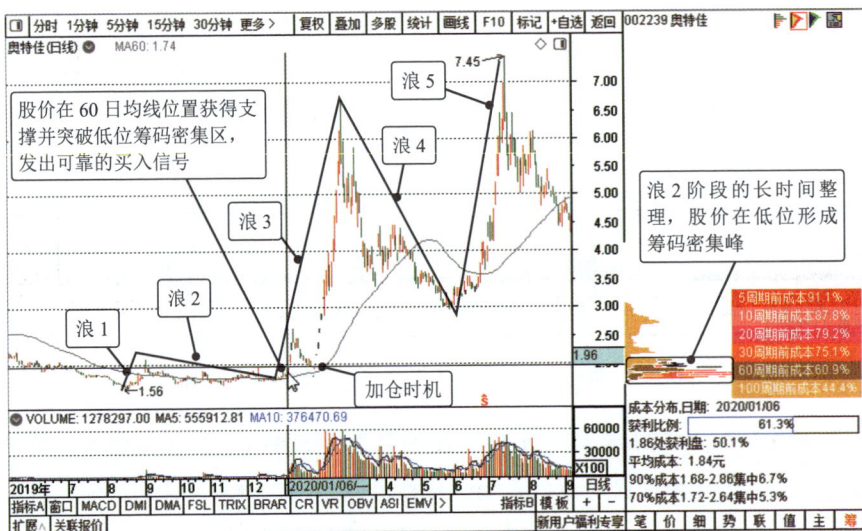

图 5-12　奥特佳 2019 年 5 月至 2020 年 8 月的 K 线图

从 2020 年 1 月 6 日的筹码分布图中可以看到，虽然筹码分布图上仍然存在许多早期的高位套牢筹码，但是经过长时间的横盘整理，股价在 1.65 元至 1.85 元的价格区间形成了明显的低位筹码密集峰，意味着抄底资金较多。

此时股价在走平的 60 日均线上方突破震荡压力位的同时也突破了低位筹码密集区，因此可以判定浪 2 结束，浪 3 开启，在 60 日均线和低位筹码密集峰的双重支撑下，预测后市将有一波不错的上涨行情，此时投资者可以积极逢低买入。

从该股后市来看，浪 3 并没有立即进入暴涨行情，而是拉升一段时间后

出现了一波快速回落，但是最终再次在拐头向上的 60 日均线位置和低位筹码
密集峰上方获得支撑，浪 3 暴涨行情正式启动，此时可视为一个加仓点。之
后浪 3 出现急速拉升，在短短一个月左右的时间，股价从 1.90 元左右上涨到
浪 3 顶部的 6.68 元的价格，涨幅超过 251%。

5.2.2　高位密集峰抓第 5 浪

浪 5 是八浪循环中的最后一个上冲浪，在浪 4 调整的末期，若上涨动
力强，浪 5 的表现将会很好。在浪 5 开始之前，股价通常呈现持续动荡的
走势，甚至这种走势可能持续很长一段时间，而在筹码分布图上往往会形
成高位密集峰。把握好这两个特征也就比较容易抓住最后的冲高浪了。

下面来看一个案例。

实例分析

美格智能（002881）高位密集峰抓第 5 浪

图 5-13 为美格智能 2021 年 1 月至 10 月的 K 线图。

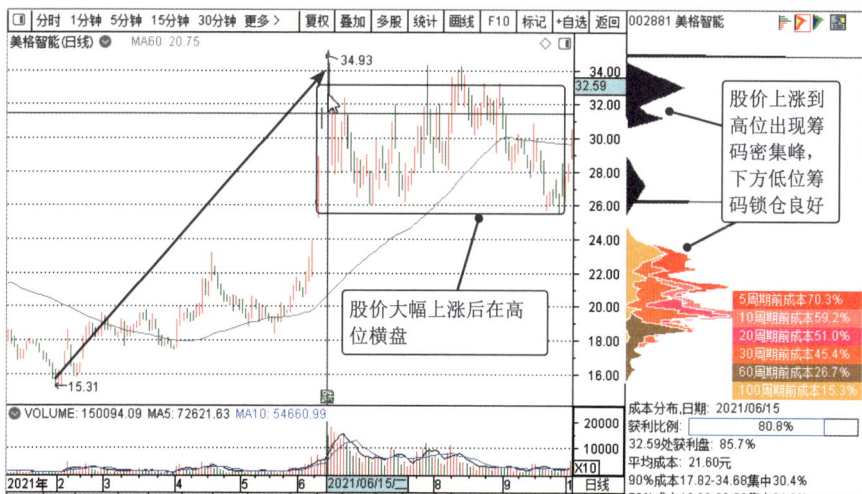

图 5-13　美格智能 2021 年 1 月至 10 月的 K 线图

从图中可以看到，该股在创出 15.31 元的最低价后企稳回升，在一轮震荡拉升的行情推动下，股价运行到高位创出 34.93 元的价格，之后股价进入长时间的横盘整理阶段。观察创出最高价后一日的筹码分布图可以发现，此时下方低位筹码锁仓状态良好，投资者可以继续观望。

图 5-14 为美格智能 2021 年 1 月至 12 月的 K 线图。

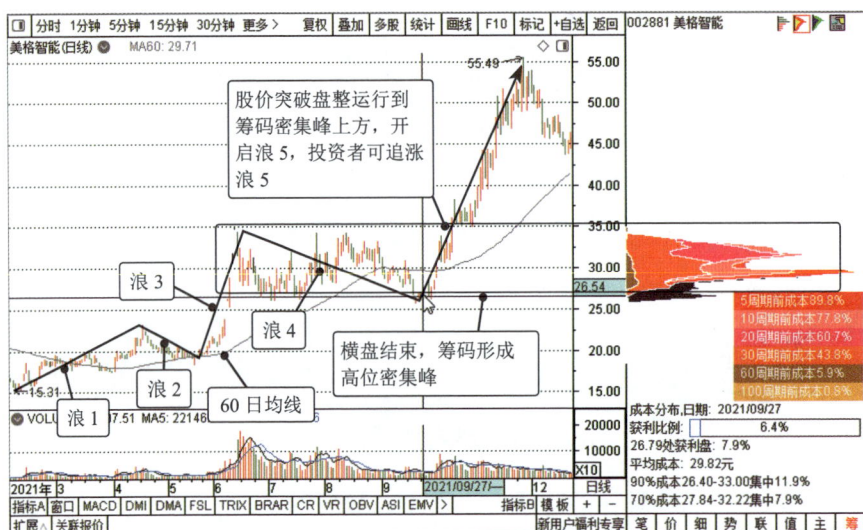

图 5-14　美格智能 2021 年 1 月至 12 月的 K 线图

从图 5-14 中可以看到，在经过约 4 个月的震荡行情后，该股运行到走平的 60 日均线下方，并且低位筹码全部消失转移到高位形成密集峰，如果此时股价能够突破密集峰，则上涨继续，反之则进入下跌行情。

从波浪理论来分析，此时的震荡行情位于浪 4 阶段，理论上来说还有一波浪 5 上涨。之后股价在 25.00 元价位线上方止跌后出现强势拉升，股价站在 60 日均线上方，且均线已经拐头向上，说明短时间内股价不会快速下跌，浪 5 开启。随着股价的持续上涨，股价突破此时的高位密集峰，说明资金对于股价上涨跟风追入的热情高涨，此时投资者可积极追涨。

但是密切关注筹码分布变化，因为此时已经处于浪 5 阶段，股价随时可能见顶回落。

第 6 章

筹码形态与K线结合实战

　　K线是构成技术分析图最基本的单位。在众多技术分析中，K线技术是投资者分析股市变化的基本工具。通过将筹码分布技术与K线组合、K线形态进行结合使用，可以帮助投资者更加准确地找到买卖点，扩大投资收益。

6.1 K线技术基础入门

K线是炒股技术中最常见、最基础的一种技术分析手段，绝大部分技术分析指标都是根据股价的K线图而来的。在讲解K线的基础用法之前，首先要对K线进行认识。

6.1.1 K线基础知识概述

在前面章节的内容介绍中，或多或少提及了K线的相关说法，这里将对K线的基础知识进行具体介绍，让读者对K线有更细致的了解。

（1）K线的基本结构

K线图又称蜡烛图、阴阳线等，用于描述个股当日开盘价、收盘价、最高价和最低价，根据开盘价和收盘价的大小关系，可以将其分为阳线、阴线和十字线，如图6-1所示。

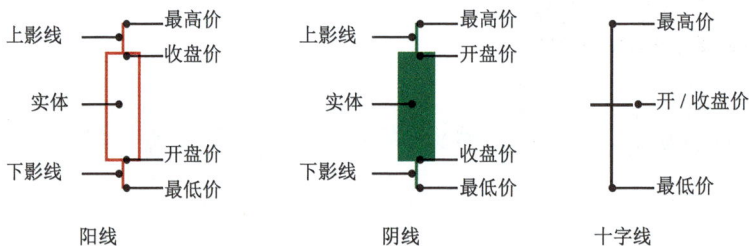

图6-1 三种基本K线的结构

各种K线类型的具体形成规则见表6-1。

表6-1 各种K线类型的具体形成规则

类　　型	形成规则
阳线	股票当日收盘价高于开盘价称之为阳线，其在K线上反映为：开盘价在下、收盘价在上，实体常为红色的实心或空心

续表

类　　型	形成规则
阴线	股票当日收盘价低于开盘价称之为阴线，其在 K 线上反映为：开盘价在上、收盘价在下，实体常为绿色或黑色的实心
十字线	股票当日收盘价等于开盘价称之为十字线，其在 K 线上反映为：开盘价、收盘价和实体重合的"十"字形

在 K 线中还有上影线和下影线，其中，上影线是从实体向上延伸的细线，其最高点是当天股价的最高价，上影线产生原因是空方力量大于多方力量；下影线是从实体向下延伸的细线，其最低点为当天股价的最低价，下影线产生原因是多方力量大于空方力量。

（2）K 线的分类

根据不同的分类标准，可以将 K 线分为多种不同的类型，对于股票投资者而言，一般有意义的分类是根据计算周期、股价波动范围以及 K 线形态进行分类。

◆　根据计算周期划分 K 线

根据 K 线计算周期的不同，可以将其分为日 K 线、周 K 线、月 K 线、年 K 线，或者采用更短的时间周期，将一天内的交易时间分成若干等份，例如 1 分钟 K 线、5 分钟 K 线、15 分钟 K 线、30 分钟 K 线以及 60 分钟 K 线等。

对于不同周期的 K 线，其研判的走势也不同，通常周 K 线、月 K 线和年 K 线用于研判中长期走势，而 5 分钟 K 线、15 分钟 K 线、30 分钟 K 线和 60 分钟 K 线反映的是股价的超短期走势。

股票行情软件都提供了显示不同周期 K 线图的功能，如在通达信行情软件中单击 K 线图顶部相应的按钮即可切换至相应周期的 K 线图，如图 6-2 所示。

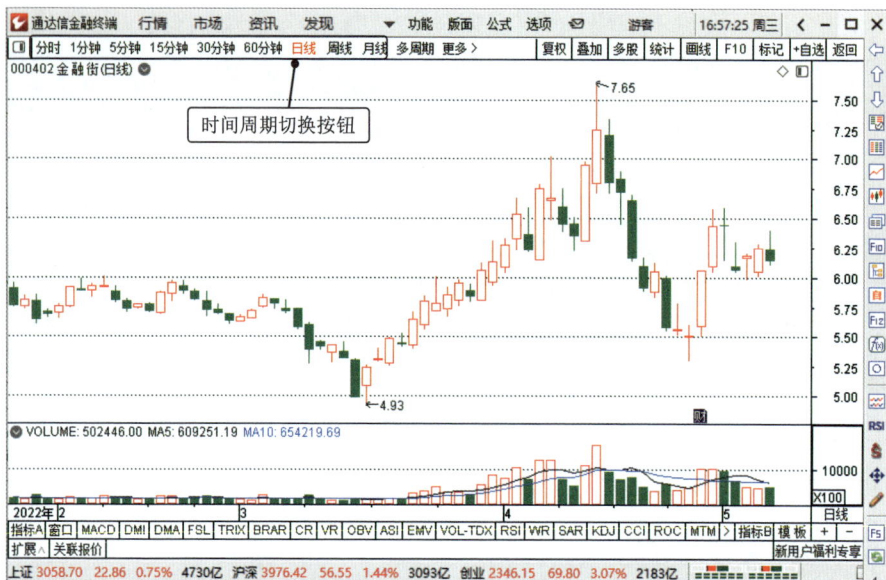

图 6-2　通达信炒股软件中的日 K 线图效果

当股票的 K 线图周期被切换后，其他叠加到 K 线图上的技术指标及下面的副图指标也会同时改变为相应的时间周期。

知识拓展　**用键盘精灵改变计算周期**

　　除了通过通达信炒股软件顶部的周期更换栏切换 K 线图周期，还有更简便的 K 线周期切换方法，就是通过键盘精灵切换显示 K 线的周期，其具体的操作方法是输入不同计算周期的代码，其中，"91"～"98"依次代表 1 分钟 K 线、5 分钟 K 线、15 分钟 K 线、30 分钟 K 线、60 分钟 K 线、日 K 线、周 K 线和月 K 线。需要注意的是，不同行情软件的代码也不同，投资者可以在炒股软件的帮助说明书中进行查找。

◆　根据股价波动范围划分 K 线

　　根据开盘价与收盘价的波动范围，可以将 K 线分为极阴、极阳、小阴、小阳、中阴、中阳、大阴和大阳等线型，极阴线和极阳线通常称为小阴星和小阳星，划分标准如图 6-3 所示。

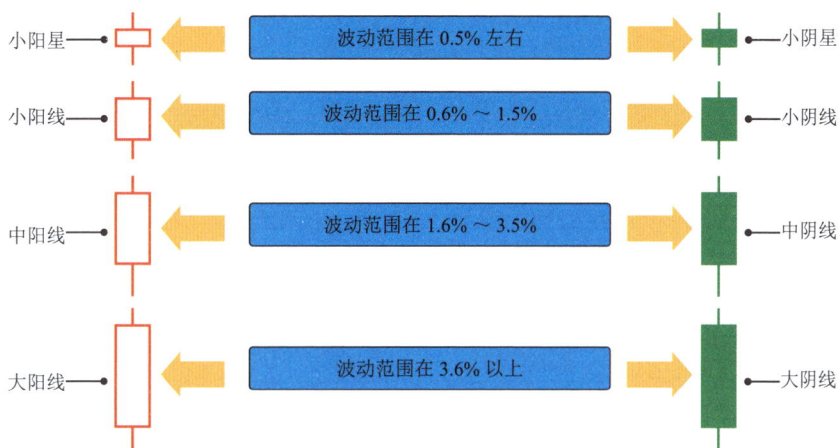

图 6-3　按股价波动范围划分的 K 线类型

◆ 根据 K 线形态划分 K 线

按 K 线形成的形态来分，则数量繁多，这里我们按组成形态的 K 线数量来分，可以把 K 线形态分成单根 K 线形态、K 线组合形态和 K 线走势形态 3 类，具体介绍见表 6-2。

表 6-2　根据 K 线形态划分 K 线

类　　型	具体介绍
单根 K 线形态	即指单根 K 线，常见的形态有 20 余种，不过大多数单根 K 线不具备指导作用，只有部分 K 线，如十字星、光头光脚阳线或阴线、T 字线、锤头线或倒转锤头线等才具有一定的意义，后面将简要介绍常见单根 K 线的基本含义
K 线组合形态	是指 2~3 根或 3 根以上（一般不超过 5 根）的相邻 K 线组成的组合形态，通常用于短线买卖的指导。相比单根 K 线，组合形态的有效性高得多，特别是出现在波段顶部或底部的一些经典组合，往往是波段的转折点，后面将详细介绍几种经典的顶底组合形态
K 线走势形态	是指一组连续的 K 线走势形成的组合形态，通常大于 5 根，多至几十根甚至上百根连续 K 线，相当于一小段行情走势。K 线走势形态又分为反转形态和整理形态两大类，用于研判中长期行情走势的逆转或延续，在本章后面将详细介绍这两类 K 线走势形态中的一些经典形态

从有效性来看，K 线走势形态的有效性最高，因此是后面重点讲解的内容，K 线组合形态对于把握波段转折点也比较重要，而要理解这些组合与走势形态的意义，首先还是需要弄懂单根 K 线的基本含义。

6.1.2 单根 K 线形态解读

虽然单根 K 线图中只包含了个股当日的开盘价、收盘价、最高价和最低价，但是根据这 4 个数据的不同，可以构筑出不同形态的单根 K 线。

下面就针对一些常见的 K 线进行介绍，让投资者了解这些单根 K 线具有的市场意义，具体见表 6-3。

表 6-3　常见单根 K 线形态及其市场意义

名　称	形　态	市场意义说明
小阳星		全天股价波动很小，收盘价略高于开盘价。该形态表明行情处于混乱不明的阶段，需根据前期 K 线组合的形态以及当前所处的价位区域综合判断
小阴星		全天股价波动很小，收盘价略低于开盘价。该形态表明当前行情疲软，发展方向不明确
小阳线		全天股价波动范围较小，收盘价高于开盘价。该形态表明多方稍占上风，但上攻乏力，后市行情发展仍扑朔迷离
小阴线		全天股价波动范围较小，收盘价低于开盘价。该形态表示空方稍占上风，但力度不大，行情发展趋势不明
大阳线		开盘后股价短暂下跌，然后快速回调并一路上涨，最后以高价收盘形成阳线，其上下影线短。无论是在上升还是在下跌行情中出现该形态，说明行情被看好，后市将上升
大阴线		开盘后股价短暂上升，然后快速下跌并一路下跌，最后以低价收盘形成阴线，其上下影线短。无论是在上升还是在下跌行情中出现该形态，说明行情不被看好，后市将下跌

续表

名　称	形　态	市场意义说明
光头阳线		以当天最高价收盘的 K 线,因此没有上影线。光头阳线若出现在相对低价位区,在当天的分时图上表现为股价探底后逐浪走高且成交量同时放大,则预示着新一轮上行行情的开始;若光头阳线出现在上升行情途中,表明后市继续看好
光头阴线		光头阴线的开盘价为当天的最高价,随后股价一路下滑,在低位又遇买盘涌入使股价略微回升,但低于开盘价。若光头阴线出现在低价位区,说明有抄底盘的介入,但股价反弹力度不大;若光头阴线出现在上涨的高价位区,且下跌时放量,尾盘短时间内小幅拉升但成交量不大,是主力全天派货后临近尾盘用少量资金快速拉高股价,为次日继续出货做准备
光脚阳线		与光头阳线相反,实体在下,但实体长于上影线。这种 K 线形态表示上升势头强劲,但在高价位处多空双方有所分歧
光脚阴线		与光脚阳线形态相似,但收盘价为当日最低价。这种 K 线形态表示股价虽有反弹,但上方抛压沉重,如果该形态出现在下降趋势中,则预示着次日还有下跌;如果出现在上升途中,则可能是主力趁势清理浮筹
光头光脚阳线		开盘价 = 最低价,收盘价 = 最高价,上下没有影线,说明多方力量处于强势,后市看涨
光头光脚阴线		开盘价 = 最高价,收盘价 = 最低价,上下没有影线,说明空方力量处于强势,后市看跌
上吊阳线		也称为吊颈线,这种 K 线的特征是实体很短,无上影线或有很短的上影线,下影线远长于 K 线的实体。若上吊阳线出现在成交量萎缩的低位,且随着股价的回升成交量呈均匀放大状态,并最终以上吊阳线报收,则后市看涨的概率极大;如果在高位区出现上吊阳线,主力在尾盘用短时间快速拉升至最高价收盘,则有可能是主力在拉高出货,需要特别注意
下影阳线		下影阳线是指下影线比较长的阳线,它与上吊阳线不同的是,下影阳线可以带一点上影线,但远小于下影线,通常实体部分也大于上吊阳线。下影阳线表明多方的进攻沉稳有力,股价先跌后涨,股价有进一步上涨的潜力

名　称	形　态	市场意义说明
下影阴线		与下影阳线形态相似，不同的是收盘价低于开盘价。由于有长下影线，说明下档承接力较强，股价有反弹的可能，但不如下影阳线有力
上影阳线		上影阳线与下影阳线形态相反，上影线远长于下影线，表示多方上攻时上方抛压沉重。这种图形常见于主力试盘动作，说明此时浮动筹码较多，涨势不强，但也有可能是主力故意冲高回落清洗浮筹，需根据其他情况综合判断
上影阴线		与上影阳线形态相似，但开盘价高于收盘价。当出现在高价位区时，说明上方抛压重，行情疲软，股价有反转下跌的可能；如果出现在上升途中，则表明后市仍有上升空间
T形线		开盘后空方力量强大，股价一路下跌，随后多方发起反攻，股价反弹，最终报收于开盘价。在下跌行情中出现，后市可能上涨；在上升行情中，后市可能出现下跌
倒T形线		开盘后多方力量强大，股价一路上升，达到当日最高点后，股价受到压制而下跌。在高价位时出现，后市股价可能下跌；在低价位时出现，后市股价可能上涨
一字线		当日开盘价、收盘价、最高价以及最低价都相同，在上升的行情中出现说明该股涨势强劲，后市可能继续上涨；在下跌的行情中出现说明该股跌势强劲，后市可能继续下跌
螺旋桨		当开盘价和收盘价相差很小，但最高价与最低价拉得很开时，就会形成K线实体很小，上下影线都很长的形态，如果下影线长于上影线，就会形成螺旋桨形态。这种形态不论是阴线还是阳线的形式，其意义并无区别。当这种形态出现在大涨之后时，则高位见顶的概率相当大，比十字线的信号更加强烈；当出现在连续下跌之后，则低位见底的概率相当大
倒螺旋桨		与螺旋桨形态类似，但上影线长于下影线。这种形态与螺旋桨的意义基本相同，如果出现在高价位，次日低开低走的概率比较大

不同的走势形成的 K 线图远远不止上面介绍的这些，不过有些 K 线形态的意义不大，或者与上述某些形态意义相近，在此不再一一列举。

6.1.3　K 线组合形态解读

在实际投资中，单根 K 线经常带有欺骗性，仅仅通过单根 K 线很难对股价运行趋势作出准确的判断。这时就有必要了解 K 线的组合形态，它们在实际的股票投资中更具意义，传递的信息也更准确。

下面分别介绍几种翻转概率极高的常见底部 K 线组合和顶部 K 线组合，分别见表 6-4 和表 6-5。

表 6-4　常见底部 K 线组合及其市场意义

名　　称	形　　态	市场意义说明
早晨之星		早晨之星也叫希望之星，一般出现在一波下跌行情的底部。标准的早晨之星由 3 根 K 线构成：第 1 根是继续下跌的阴线，第 2 根是向下低开的十字星线或小 K 线，第 3 根为长阳线，且其收盘价深入第 1 根阴线的实体内，当深入阴线实体的 1/2 位置，即可判断形态成立，且深入阴线实体的部分越多，股价见底反转回升的信号就越强烈
红三兵		红三兵也叫三个白武士，或者前进三兵，它是由 3 根或 3 根以上连续上涨的阳线组合而成，与阳线实体的大小和是否有上下影线均无关系，这些阳线每天的开盘在前一天的实体之内，每天的收盘价在当天的最高点或接近最高点，且 K 线的收盘价一日比一日高，说明后市涨幅较大，是股市走强的信号
曙光初现		曙光初现通常出现在下跌行情中，发出股价见底趋势信号，该 K 线组合由两根一阴一阳的 K 线组成，第 1 根阴线为大阴线或中阴线，第 2 根为低开的中阳线或大阳线，并且阳线的实体部分深入阴线实体 1/2 以上的位置，深入阴线实体的部分越多，见底信号越强

续表

名　称	形　态	市场意义说明
旭日东升		旭日东升实际上是曙光初现形态的增强版，也是由两根K线组合而成，第1根为中阴线或大阴线，第2根为高开高走的中阳线或大阳线，并且阳线的收盘价超过了前一根大阴线的开盘价。而且第2根阳线的实体部分超出前一天阴线实体的开盘价越多，阳线实体越长，后期上涨势头越强劲
多方炮		多方炮也称为两阳夹一阴，该K线组合通常出现在股价的低位区域或股价的上涨途中，发出可信的看涨信号。该K线组合由3根K线组合而成，中间一根是阴线，两边的是阳线，3根K线实体并排分布。其中后面一根阳线很重要，其实体越长，越显示股价的看涨信号
好友反攻		好友反攻出现在下跌趋势中，由一阴一阳两根K线组成，第1根是大阴线，接着低开收出一根大阳线或中阳线，阳线收盘价与前一根阴线收盘价相同或接近
阳包阴		阳包阴组合也被称为底部的穿头破脚组合，它由两根K线组成，第1根K线为下跌行情中的阴线，第2根K线为将第1根阴线从头到脚全部包在里面的阳线，且第2根阳线的量能要明显放大。两根K线的长度越悬殊，转势的力度就越强
阴孕阳		阴孕阳由两根K线组成，第1根K线是中阴线或大阴线，第2根K线是一根高开高走的中小阳线，其收盘价低于前一日中阴线或大阴线的开盘价，即在前日阴线内部收盘，即俗称的腹中孕线。这种组合通常预示多头反击，后市看涨
双针探底		双针探底组合由两根K线组成，具体是指在邻近的两根K线中，均带有较长的下影线，且两根K线的长下影线的最低价相同或接近，它的两根长下影线就像两根探雷针，探明股价的底部。这种情况下，预示着空头力竭，底部基本确认，市场可能即将转势，多头将展开反攻
低档五阳线		低档五阳线是一个比较可信的见底信号，该组合是指在股价的下跌低价位区，K线图上连续出现了5根小阳线（也有可能是6根或7根小阳线，但阳线居多），这表明行情的下跌动力不够，很可能是多头在低位慢慢吸货，行情随时有向上发力的可能

表6-5　常见顶部 K 线组合及其市场意义

名　称	形　态	市场意义说明
黄昏之星		黄昏之星与早晨之星相反，它指太阳隐去黑夜来临，是股市看跌的信号。黄昏之星由3根K线组合而成，第1根为大阳线，第2根为小阴线或小阳线，第3根为实体较长的阴线，它深入第1根K线实体之内
黑三鸦		三只乌鸦由3根持续向下的阴线组成，且每根阴线的收盘价低于前一天的最低价且接近当天的最低价，每天的开盘价在前一天的实体之内。如果每根阴线几乎没有上下影线，就称为三胎乌鸦，该组合后市看跌的意义更大
乌云盖顶		乌云盖顶为股价见顶信号，它由两根K线组合而成，第1根K线为大阳线，继续前期的上涨行情，第2根K线为大阳线，收盘价深入第1根大阳线实体一半以下，形成乌云盖顶之势。其中阳线实体被阴线覆盖得越多，说明多方的力量越弱，空方的力量越强，如果第2根K线实体完全覆盖第1根K线实体，则反转意味更强
倾盆大雨		倾盆大雨也称一泻千里，是旭日东升的逆反形态，可以看作是乌云盖顶形态的增强版。该K线组合由两根K线组成，第1根K线是大阳线或中阳线，第2根K线是一根低开的大阴线或中阴线，阴线的收盘价低于前一根阳线的开盘价。第2根阴线的实体部分低于阳线实体的开盘价越多，阴线实体越长，预示着后期的下跌势头越猛烈
空方炮		空方炮也称为两阴夹一阳，该K线组合通常出现在大幅上涨的高位后阶段性顶部，发出可信的看跌信号。该K线组合由3根K线组合而成，中间一根是阳线，两边的是阴线，3根K线呈下跌趋势。阴线的顶部尽量低，阳线的实体尽量短，看跌信号更强烈
阴包阳		阴包阳组合也被称为顶部的穿头破脚组合，它由两根K线组成，第1根K线为上升行情中的阳线，第2根K线为将第1根阳线从头到脚全部包在里面的阴线，两根K线的实体部分长度悬殊越大，则反转的意味越强

名　称	形　态	市场意义说明
阳孕阴		阳孕阴由两根 K 线组成，第 1 根 K 线是中阳线或大阳线，第 2 根 K 线是一根低开低走的中小阴线，其收盘价高于前一日中阳线或大阳线的开盘价，即在前日阳线内部收盘。该形态的出现说明多头力竭，空头开始占据上风，通常视为股价即将反转下跌的信号
平顶线		平顶线组合是指股价在上涨途中，出现一根 K 线的最高价与后面一根或几根相邻 K 线的最高价相同的现象。虽然平顶线的 K 线不分阴阳，但是前一根 K 线是阳线、后一根 K 线是阴线的平顶线最具指示作用，且两根 K 线实体越长，说明转势效果越明显

6.1.4　反转形态解读

反转形态即预示行情见顶或者见底的 K 线组合形态，常见的反转形态有 V 形形态、双重形态、三重形态和头肩形态，下面分别介绍这几种反转形态及其具体的市场意义。

（1）V 形形态

V 形形态包括 V 形底形态和倒 V 形顶形态。

◆ V 形底形态

V 形底形态又称为尖底形态，通常发生在股性非常活跃的中小盘股上，先是大幅度下跌，在股价下跌最猛烈时突然触底反弹，一路上扬，走势像英文字母"V"，故称 V 形底，其示意图如图 6-4 所示。

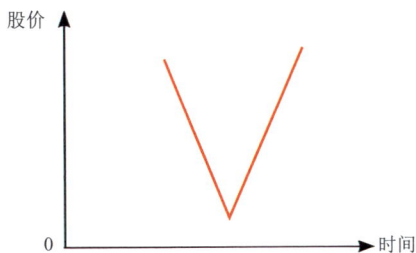

图6-4　V形底示意图

V 形底是一种变化较快、转势力度极强的反转形态，经常在几个交易日内形成，并且在转势点往往伴随着较大的成交量。这让 V 形底成为最直观的反转形态，通常 V 形底形成后，都有一波快速拉升行情。对于投资者而言，一旦 V 形底形成，就要敢于进场抄底，前期下跌的幅度越大，则后市上涨的空间就越人。

> **知识拓展**　*V 形底形态中常出现的 K 线组合*
>
> V 形底通常出现在一波快速下跌且跌幅较大的行情之后，在 V 形反转时容易出现 T 字线、锤头线、曙光初现和旭日东升等具有强烈反转意义的 K 线组合。

◆　倒 V 形顶形态

倒 V 形顶也称倒 V 形形态或尖顶形态，其走势同 V 形底一样，先是大幅度的上涨，在股价上涨最强势的时候突然触顶回落，一路下跌，走势像倒立的英文字母"V"，故称倒 V 形顶，其示意图如图 6-5 所示。

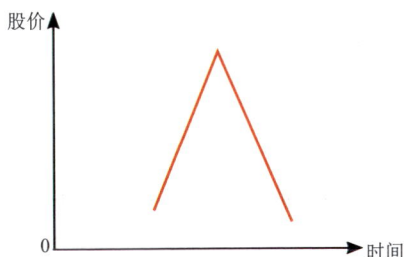

图6-5　倒V形顶示意图

倒 V 形顶也是一个比较常见的反转形态，其出现的原因在于，投资者被乐观情绪影响，积极追涨，成交量放量，股价被快速推至高位。但股价未经调整，涨势过快，市场中的累积获利还没得到消化，此时遇到突发性的利空消息，获利盘和恐慌盘大规模涌出，股价表现出高台跳水，其转向过程也非常短。

倒 V 形顶形态没有明确的卖出点，投资者长阴杀跌出现时就应果断离场，这往往是倒 V 形顶形成的初期表现。

知识拓展　倒 V 形顶形态中常出现的 K 线组合

　　倒 V 形顶通常出现在一波快速上涨且涨幅较大的行情之后，尖顶时比较容易出现射击之星、乌云盖顶、倾盆大雨、阴包阳等具有强烈反转意义的 K 线组合。

（2）双重形态

双重形态包括双重底形态和双重顶形态。

◆　双重底形态

双重底也被称为 W 形底，通常出现在下跌趋势中，股价下跌到某一低点位置后出现技术性反弹，但反弹回升的幅度不大便又开始再次下跌，在股价跌至上次低点附近时获得支撑，再一次回升，同时成交量放大。股价第一次冲高回落后的顶点称为颈部。双重底形态的示意图如图 6-6 所示。

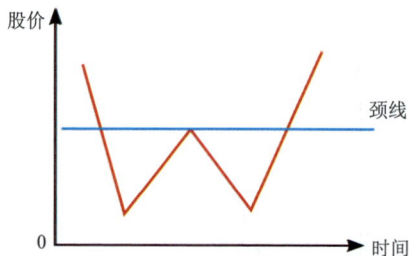

图 6-6　双重底形态示意

双重底形态在下跌行情的末期出现，标志着行情见底。当股价放量突破颈线时，行情可能见底回升。形态形成之后，股价有可能出现回落的行情，股价最终会在颈部附近价格止跌企稳，后市看涨，投资者可在第二次突破回落止跌后介入。

知识拓展 **实战中的双重底形态**

在实际操作中，也会出现双重底的两个低点不在同一水平线上的情况，通常，第二个低点都较第一个低点稍高，是因为部分先知先觉的投资者在第二次股价回落时已开始买入，令股价没法再次跌回上次的低点。而且形态底部两个低点之间的距离有不对称的情况，通常左底成交量大于右底，突破颈线若伴随放量，则上涨信号比较明确。

此外，双重底形态在底部构筑的时间越长，其产生的回升效果就越好。完整形态的 W 底构筑时间至少需要一个月。

◆ 双重顶形态

双重顶形态也称为 M 顶形态，通常出现在上升行情中，当股价上升到某一高点后受阻回落，接着股价又继续上升，上升到与第一个高点接近的高度时掉头向下。股价第一次受阻回落再上升的低点称为颈部。双重顶形态的示意图如图 6-7 所示。

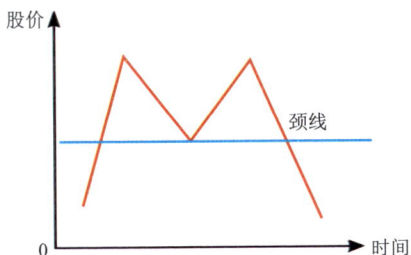

图 6-7 双重顶形态示意图

双重顶形态一般是在上升行情的末期出现，它与双重底形态的作用刚好相反，它是一个后市看跌的见顶反转形态。在双重顶形成过程中，成交量随着股价的上升而增加，随着股价的下跌而缩小，但第二次股价上升带来的成交量的增加却不能达到上一个高峰的成交量。一旦双重顶形态形成，表示股价的涨势结束，投资者应果断卖出股票。

> **知识拓展** **股价突破/跌破K线形态后回抽颈线**
>
> 对于许多K线形态，在股价突破颈线或跌破颈线时，股价不会立即展开上涨或下跌，都会进行回抽（也可以说是回踩）。当股价回抽到颈线附近获得支撑或者阻碍后，更加确定形态的形成，此时该形态发出的看涨或看跌信号更强。
>
> 图6-8为双重底形态回抽颈线的示意图，图中股价突破颈线后快速回落回抽颈线并获得支撑后止跌回升，进一步确定双重底形态的形成，这个位置就是前面介绍的第二次介入的位置。
>
> 图6-9为双重顶形态回抽颈线的示意图，图中股价跌破颈线后快速反弹回抽颈线，在颈线受到压制后反弹结束，进一步确定双重顶形态的形成，此时为投资者最后出逃的机会。

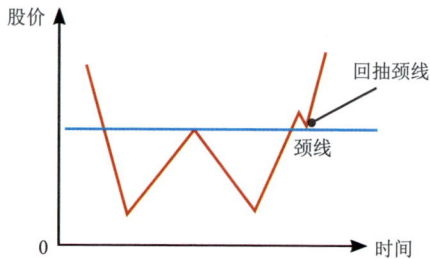

图6-8 双重底回抽颈线示意图

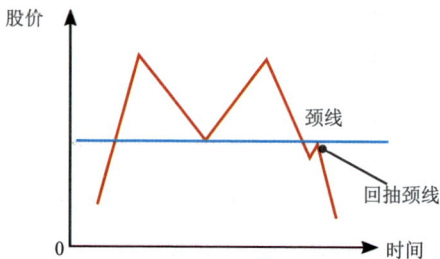

图6-9 双重顶回抽颈线示意图

（3）三重形态

三重形态包括三重底形态和三重顶形态。

◆　三重底形态

三重底形态是股价在下跌末期处于低价位区域时，经过 3 次探底，并在相同水平价位线附近受到支撑后反弹，从而形成 3 个位置相似的低点形态。将股价两次反弹上涨的高点用直线连接起来就形成了三重底形态的颈线，当股价向上放量突破颈线时，形态得以正式确认。

三重底形态的示意图如图 6-10 所示。

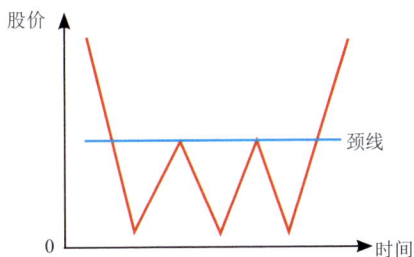

图 6-10　三重底形态示意图

三重底形态在实际的 K 线图中出现的概率不大，但是它见底反转的信号比双重底更强，而且后市上涨的力度也比双重底强。此外，三重底形成的时间越长，总成交量越大，后市上涨的幅度就越大。

因此投资者在遇到这种形态时，应果断跟进。激进的投资者在股价第三次回落不及前期两个低点止跌，在成交量相对放大拉升时就介入了。当股价放量突破三重底形态的颈线时就是可靠的买入时机。

◆　三重顶形态

三重顶形态是股价在上涨末期处于高价位区域时，经过 3 次冲顶，但都在相同的水平价位线附近受到阻碍并回落，从而形成 3 个位置相似的高点形态。将股价两次冲高回落的低点用直线连接起来就形成了三重顶形态的颈线，当股价向下跌破颈线时，形态得以正式确认。

三重顶形态的示意图如图 6-11 所示。

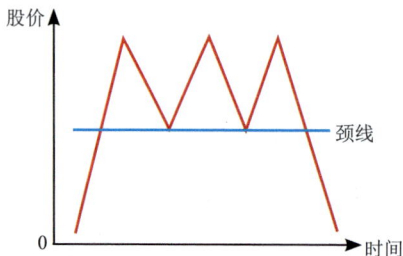

图 6-11　三重顶形态示意图

三重顶形态在实际的 K 线图中也很难遇到，但是它见顶回落的信号比双重顶更强，而且后市下跌的力度也比双重顶强。

此外，三重顶形成的时间越长，总成交量越大，后市下跌的可能性和下跌的幅度都会比较大。因此投资者在遇到这种形态时，应果断出局。稳健的投资者通常在股价第三次反弹不及前期两个高点时就开始减仓了。当股价跌破颈线并回抽颈线反弹受阻时，就是投资者最后的逃生机会。

知识拓展　*实战中的三重形态*

在实战中，三重底（顶）的谷底与谷底，或顶峰与顶峰的间隔距离与时间不必相等，同时三重底（顶）的底部或顶部也不一定要在相同的价格形成，即颈线也不一定必须是水平的。

此外，三重形态的形成时间一般在两个月以上，且时间越长，三重形态更可靠。过于短暂时间形成的三重形态，很容易变成其他形态。

（4）头肩形态

头肩形态包括头肩底形态和头肩顶形态。

◆ **头肩底形态**

在股价运行到一个较低位置后波动变化，在这一波动过程中形成 3 个明显的低点，中间的低点明显比两侧的低点更低，形成头肩底的头部，而两侧的低点基本保持在同一水平位置，形成头肩底形态的两个肩部。前两个低点止跌反弹的高点连线就是头肩底形态的颈线。

头肩底形态的示意图如图 6-12 所示。

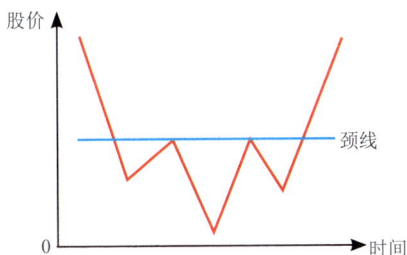

图 6-12　头肩底形态示意图

头肩底形态是一个长期性趋势的转向形态，是较为可靠的买入信号。通常会在熊市的尽头出现，并且头肩底形态的形成时间较长，形态也较为平缓。

实战中，头肩底形态的颈线常常向右方下倾，如果颈线向右方上倾，则意味着市场更加坚挺。当股价放量突破头肩底形态的颈线时，就是不错的买入时机。

若是股价向上突破颈线时成交量并无显著增加，很可能是一个假突破，这时投资者应逢高卖出，考虑暂时回避观望。

◆　头肩顶形态

在股价运行到 ·个较高的位置后波动变化，在这一波动过程中形成 3 个明显的高点，中间的高点明显比两侧的高点更高，形成头肩顶的头部，而两侧的高点基本保持在同一水平位置，形成头肩顶形态的两个肩部（也可能出现右肩比左肩低的情况）。前两个高点反弹回落的低点连线就是头肩顶形态的颈线。

头肩顶形态的示意图如图 6-13 所示。

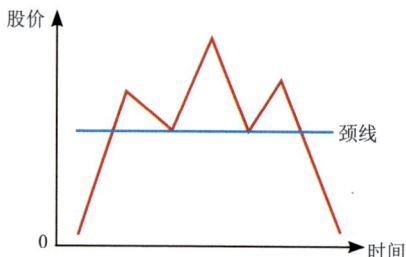

图 6-13　头肩顶形态示意图

头肩顶形态是一个长期性趋势的转向形态，通常会在牛市的尽头出现。在头肩顶形成的过程中，左肩的成交量最大，头部的成交量略小些，右肩的成交量最小。成交量呈递减趋势，说明股价上升动力越来越弱，上涨乏力就是行情即将见顶的预示。

此时投资者要提高警惕，在形成头肩顶雏形时，可先卖出部分筹码，减轻仓位。一旦发觉股价跌破颈线，就将手中剩余的股票全部卖出，退出观望。

6.1.5　持续整理形态解读

持续整理形态是指股价在运行中开始短期调整，待调整结束，即整理形态完成后，股价将延续前期的趋势。常见的持续整理形态有三角形整理、楔形整理、旗形整理和矩形整理 4 种。下面分别对各种持续整理形态及其市场意义进行介绍。

（1）三角形整理形态

三角形整理形态包括对称三角形、上升三角形和下降三角形 3 种，各形态的介绍及其市场意义如下。

◆　对称三角形

对称三角形也称收敛三角形，它可以出现在上涨趋势或下跌趋势中，它有两条聚拢的直线，上面的直线向下倾斜，起压力作用；下面的直线向上倾斜，起支撑作用，两条线一条向上发展，一条向下发展，显示多空力量对等。两条直线的交点称为顶点，对称三角形一般有 6 个转折点。

图 6-14 分别为上涨行情中的对称三角形整理示意图（左）和下降行情中的对称三角形整理示意图（右）。

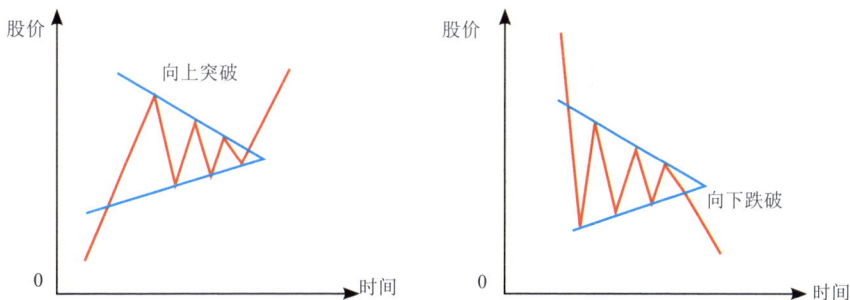

图6-14 对称三角形整理示意图

对称三角形整理的最后，市场多头和空头争夺的焦点将集中在一个很小的价格区域内，这就是收敛三角形的末期。一旦某一方获得胜利，那么价格将持续向胜利的一方运行，所以收敛三角形的跌破和突破预示这一段中期趋势的延续。

在对称三角形形成过程中，成交量应逐步减小。当股价向上突破时需要有大的成交量配合，而向下跌破时则不必。

除了成交量的配合外，最好还需要突破幅度和时间，与突破趋势线的要求相同。

知识拓展　三角形整理形态补充说明

由于三角形整理形态需要至少 3 个及以上的波段才能称为整理，因此三角形整理的时间较长，一般在一个月以上，长的可达半年甚至一年以上。

三角形整理并非一定要整理到三角形末端才突破，有时离末端还较远时便开始突破，突破时离末端越远，突破后的力度越大。

◆ 上升三角形

上升三角形通常出现在上涨初期或者上涨的途中，股价每次上涨的高点基本上处于同一水平位置，回落的低点却不断上移，这样将每次上涨的高点和回落低点分别用直线连接起来，就构成一个向上倾的上升三角形。

上升三角形整理的示意图如图 6-15 所示。

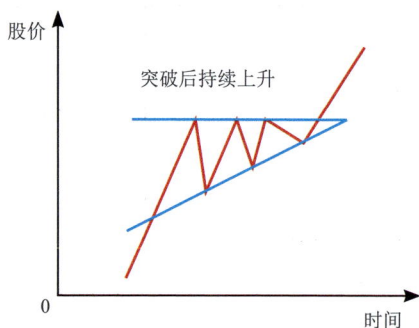

图 6-15　上升三角形整理示意图

上升三角形整理形态表示在股价震荡变化过程中，买方的力量在不断增强，多次冲击空方的打压价位，此时成交量由大到小，显示盘内持股力量逐渐稳定。

当股价突破上边线的阻力向上时，前期观望的投资者会入市持仓，因此交易量会出现增加，后市看好，在股价突破上边线时就是一个很好的介入机会。

◆ 下降三角形

下降三角形与上升三角形刚好相反，它一般出现在下跌初期或下跌途中，每次股价反弹的高点不断下移，但回落的低点基本处于同一水平位置，将每次的上涨高点和回落低点分别用直线连接起来，就构成一个向下倾的下降三角形。

下降三角形整理的示意图如图 6-16 所示。

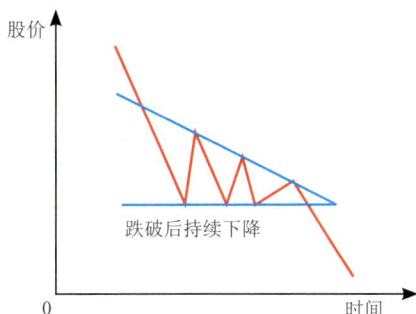

图 6-16　下降三角形整理示意图

下降三角形整理形态下边线呈水平方向，可以明显地看出买方对股价的支撑，但是卖方不断压制股价下跌，当股价跌破该支撑后，买方无力抵挡，后市股价会继续下跌。

因此这种形态释放出卖出清仓的信号，投资者在股价跌破下边线后要积极抛售，及时止损。

在实战中，上升三角形上边线或下降三角形下边线完全水平的情况很少，只要是近似水平的水平线，其作用与标准形态的作用一样。

知识拓展　*股价回抽 K 线整理形态*

在持续整理形态中，股价突破形态上边线的压制或者跌破形态下边线的支撑后，有时候也不会立即延续前期走势，此时通常还有一个回抽上边线或者下边线的情况，这个回抽动作就是对突破或者跌破持续形态的有效确立。

图 6-17 为股价突破上升三角形上边线后的回抽示意图，股价回抽上边线受到上边线的支撑止跌，更加确定股价突破形态上边线，发出更加可靠的买入信号，投资者在股价回抽止跌后应积极买入做多。

图 6-18 为股价跌破下降三角形下边线后的回抽示意图，股价回抽下边线受到下边线的压制止涨，更加确定股价跌破形态下边线，发出更加可靠的卖出信号，投资者在股价回抽止涨后应积极清仓出局。

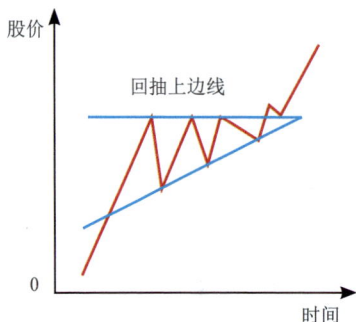

图 6-17　回抽上升三角形上边线　　　图 6-18　回抽下降三角形下边线

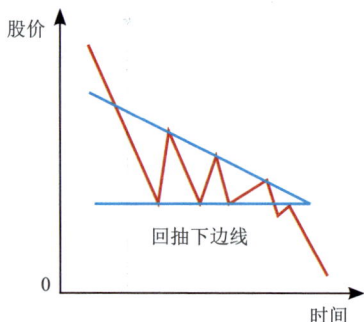

此外，还需要特别注意，大部分情况下在大趋势中出现的三角形整理形态都会继续原来的趋势，但也有少数时候会发生反向运动。因此不能古板地全部生搬硬套这些理论。

（2）楔形整理形态

楔形整理形态包括上升楔形和下降楔形两种，各形态的介绍及其市场意义如下。

◆　上升楔形

股价在整理过程中，分别连接股价的上涨高点与回调低点，形成两条均向上方倾斜靠拢但未能相交的线，这两条线构成的楔形形状就是上升楔形整理，其示意图如图 6-19 所示。

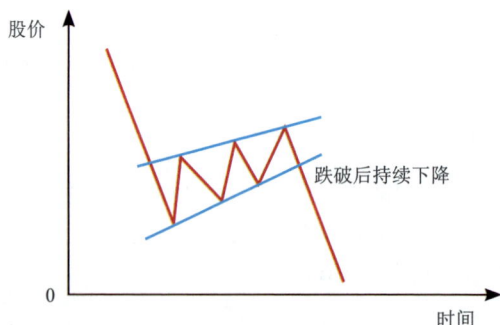

图 6-19　上升楔形整理示意图

上升楔形整理通常出现在下跌趋势的反弹阶段，在该整理形态中，虽然股价出现上升走势，但市场中的做多氛围仍然不浓，从而致使股价上涨的每个新的上升波动都比前一个弱，最后当市场做多需求完全消失时，股价便会反转回跌。

因此，上升楔形整理形态表示的是多方力量逐渐减弱，这波反弹只是一个技术反弹，当形态的下边线被跌破后，股价通常会急速下跌，此时投资者应顺势而为，看空市场。

在股价跌破下边线后也会出现回抽的情况，当回抽下边线受阻后，更加确定后市的下跌行情，投资者就应该果断卖出，持币观望。

◆　下降楔形

股价在整理过程中，分别连接股价的上涨高点与回调低点，形成两条均向下方倾斜靠拢但未能相交的线，这两条线构成的楔形形状就是下降楔形整理，其示意图如图 6-20 所示。

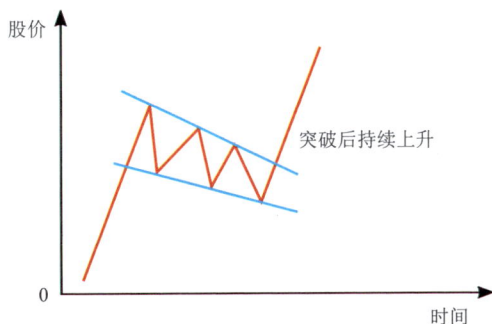

图 6-20　下降楔形整理示意图

下降楔形整理通常出现在上升趋势的回落阶段，在该整理形态中，虽然股价下跌，但是市场中的做空氛围仍然不浓，是上升途中股价回调无力的表现，是主力的清理浮筹行为，目的是减轻后市的拉升压力。因此，后市看涨。

一旦股价向上突破下降楔形整理的上边线后，新一轮的上涨行情就展开了，此时投资者要积极买入做多。

如果股价突破上边线后出现回抽上边线的情况，当股价回抽获得上边线的支撑后，更加确定了股价突破形态的有效性，此时投资者要勇敢加仓追涨，持股待涨。

（3）旗形整理形态

旗形整理形态包括上升旗形和下降旗形两种，各形态的介绍及其市场意义如下。

◆ 上升旗形

股价在整理过程中，分别连接股价的上涨高点与回调低点，形成两条均向下方倾斜的平行线，这两条平行线构成略下倾的平行四边形，就是上升旗形整理，其示意图如图6-21所示。

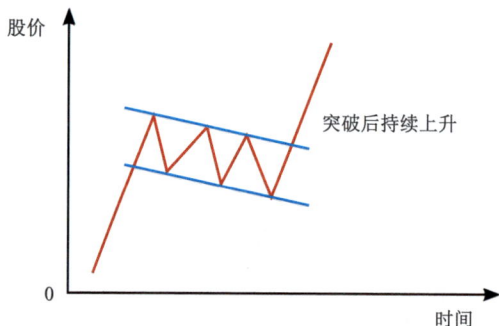

图6-21　上升旗形整理示意图

上升旗形通常出现在急涨的行情中，经过一段快速的上升行情后，股价出现整理行情。

当股价突破上升旗形整理形态的上边线或者回抽上边线确认后，预示着此时市场中多方势力优胜于空方势力，后市继续看涨，投资者可逢低吸纳买入该股。

◆ 下降旗形

股价在整理过程中，分别连接股价的上涨高点与回调低点，形成两条均向上方倾斜的平行线，这两条平行线构成略上倾的平行四边形，就是下降旗形整理，其示意图如图 6-22 所示。

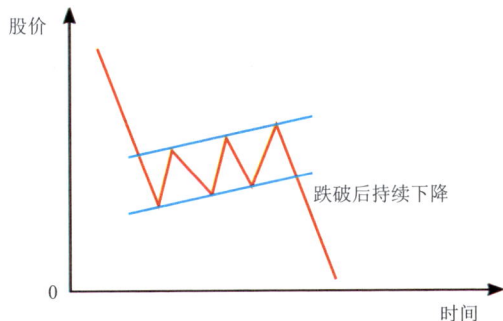

图 6-22　下降旗形整理示意图

下降旗形与上升旗形相反，通常出现在急跌市中，经过一段快速的下跌行情后，股价出现横向整理。

当股价跌破下降旗形整理形态的下边线或者回抽下边线确认后，预示着此时市场中空方势力优胜于多方势力，后市继续看跌，投资者要积极卖出，落袋为安。尤其在股价回抽下降旗形的下边线后，投资者此时必须要离场，持币观望。

（4）矩形整理形态

矩形整理形态包括上升矩形和下降矩形两种，各形态的介绍及其市场意义如下。

◆ 上升矩形

在上涨行情中，股价始终在一个较为固定的区间内上下波动，分别连接波动的高点和低点，形成一个类似矩形的形状，该整理形态即为上升矩形整理形态，其示意图如图 6-23 所示。

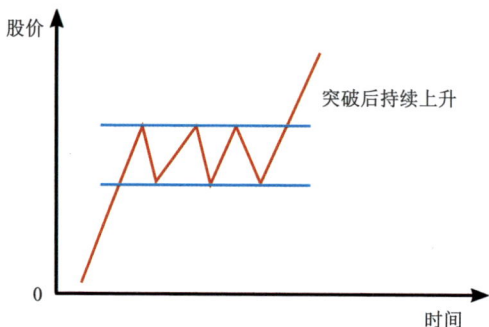

图6-23　上升矩形整理示意图

在上涨行情中出现上升矩形整理形态，通常是主力清理浮筹动作，其目的是减少浮筹，为后市更好地拉升。因此，一般当股价向上突破矩形上边线时，就形成了第一买点，此时投资者可以少量买入。

如果在股价向上突破矩形上边线并回抽得到确认后，此时就是第二买点，投资者可积极进行建仓或加仓。

◆ 下降矩形

在下降行情中，股价始终在一个较为固定的区间内上下波动，分别连接波动的高点和低点，形成一个类似矩形的形状，该整理形态即为下降矩形整理形态，其示意图如图6-24所示。

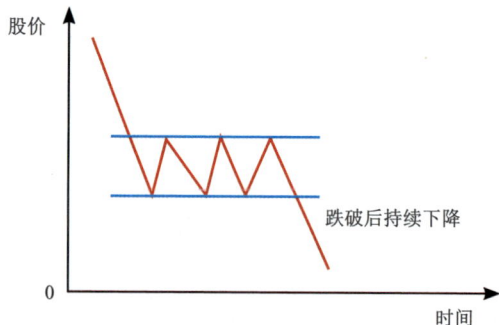

图6-24　下降矩形整理示意图

在下跌行情中出现下降矩形整理形态后，若股价跌破下边线或回抽下边线，投资者都要果断地卖出股票，规避行情后市继续下跌。

在实战操作中，很少出现两条边线完全水平的矩形整理形态，一般将近似水平的边线的整理形态也可看作是矩形整理形态。

> **知识拓展** *矩形整理形态形成过程中的操作策略*
>
> 在整个矩形整理形态形成的过程中，显示的是多空双方实力相当，双方进行激烈交战，成交量会不断减少，直到一方力量耗尽，出现突破或跌破方向为止。因此，在整个矩形整理过程中，投资者可持币观望。

前面对 K 线的基础进行了解，并且对 K 线中的单根 K 线、K 线组合、反转形态及持续形态等 K 线技术有了一定的认识。下面将具体针对常见 K 线组合、反转形态与持续形态二个技术与筹码分布进行结合讲解。

6.2　底顶 K 线组合与筹码分布结合实战

通过 K 线组合既可以预示股价的顶部与底部，也可以预示股价继续上涨和持续下跌。对于任何进行股市投资的人来说，都希望买在底部、卖在顶部。但是实战中真正能够准确抓住顶部与底部的却非常少。

如果投资者能够结合筹码分布图，就能够提升 K 线组合发出的见底和见顶信号的准确性。

6.2.1　底部 K 线组合与筹码分布实战

在股价出现一连串的下跌后，成交量都会逐步萎缩，而 K 线组合形态通常由几根 K 线构成，因此短短的几天行情在筹码分布图上的变化并不明显，所以我们无法通过 K 线组合直接研判行情的中长期走势，只能用于短线买卖指导。

如果将这些组合与筹码分布在一段时间内的变化进行结合应用，则可以在行情出现转折时掌握先机，早一步进场，获取更多利润。

在综合运用见底 K 线组合与筹码分布图时，应注意以下两种情况。

（1）大幅下跌末期出现的 K 线见底组合与筹码分布图

如果股价出现了几波大幅度的下跌，在最后一波下跌后出现见底 K 线组合形态，则至少有一波不错的反弹行情。

在反弹过程中主要观察上方筹码是否快速下移，是否形成低位密集峰，如果形成，则可能是长期下跌趋势的转势拐点。

下面来看一个案例。

实例分析

航天发展（000547）低档五阳线组合与筹码分布图结合分析买点

图 6-25 为航天发展 2018 年 4 月至 2019 年 1 月的 K 线图。

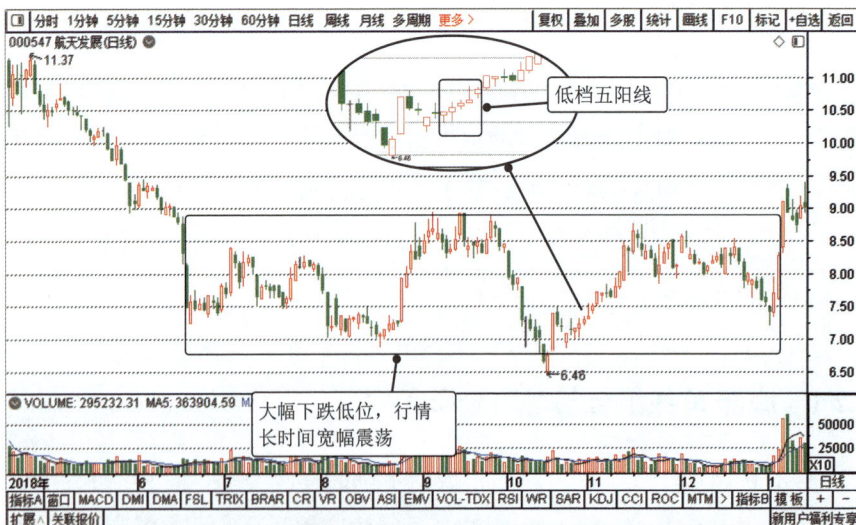

图 6-25　航天发展 2018 年 4 月至 2019 年 1 月的 K 线图

从图 6-25 中可以看到，该股大幅下跌后在 2018 年 6 月运行到低价位区，随后股价在低位进行了长时间的横向震荡走势。

在 2018 年 10 月 19 日创出震荡行情中的最低价 6.46 元后，股价出现止跌回升，在回升过程中的 10 月 29 日至 11 月 2 日，该股连续出现 5 根小阳线将股价步步拉高，形成典型的低档五阳线见底 K 线组合。

在大幅下跌的低位长时间宽幅震荡过程中出现该组合，是否预示着行情见底，整理结束了呢？为了提高研判的准确性，我们再来观察此时的筹码分布图。

图 6-26 为航天发展 2018 年 9 月至 2021 年 2 月的 K 线图。

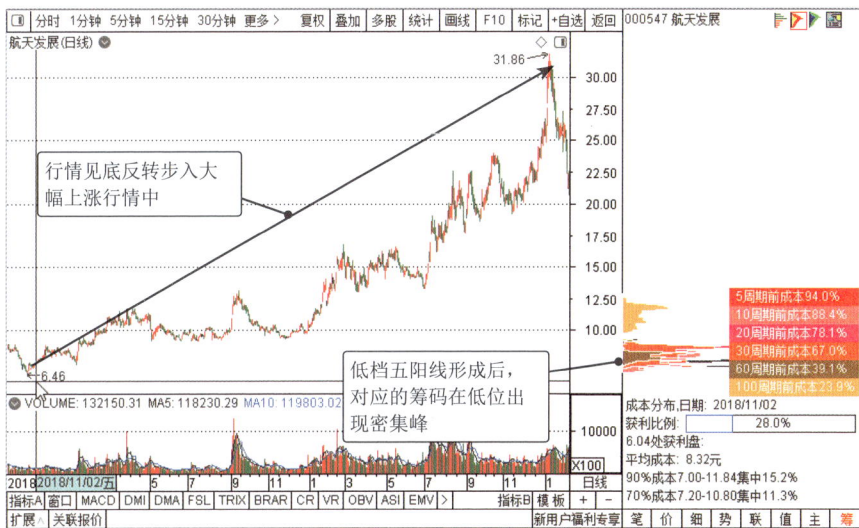

图 6-26　航天发展 2018 年 9 月至 2021 年 2 月的 K 线图

从图 6-26 中可以看到，截至 2018 年 11 月 2 日，虽然上方仍然存在一些高位筹码，但是此时可以看出筹码开始逐步下移，并在 7.00 元至 9.00 元的价格区间逐步形成筹码密集区，说明此时行情大概率有主力开始介入操作，行情有望见底，此时投资者可以部分建仓抄底。

从后市的走势来看，该股后市一路震荡上涨，走出一波可观的上涨行情。

在本例中，如果单看筹码分布图，上方筹码并没有完全下移到低位形成密集峰，并不是很好的买入时机；如果仅仅只看低档五阳线 K 线组合，也担心主力故意做出的诱导行为。

这里将股价下跌的幅度、筹码分布图、K线组合三者联合起来综合判断，提升见底信号的可靠性，也让投资者先知先觉，早一步抄底，从而获取更大的利润。

（2）上升途中较大回调末期的K线见底组合与筹码分布图

如果在上升途中出现较大幅度的回调行情末期，出现见底K线组合形态时，主要观察下方筹码是否继续锁定，如果下方有锁仓筹码，则说明该波回调结束，应及时跟进。

下面来看一个案例。

实例分析

东方盛虹（000301）多方炮组合与筹码分布结合分析买点

图6-27为东方盛虹2020年1月至12月的K线图。

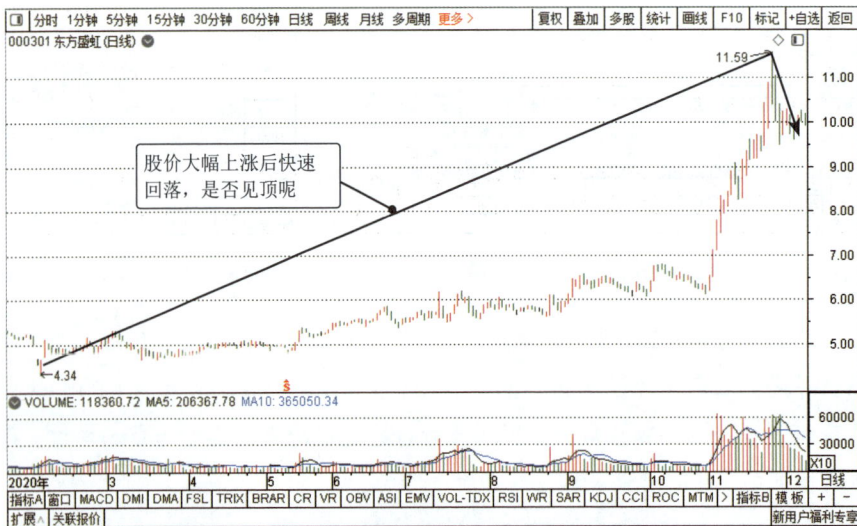

图6-27　东方盛虹2020年1月至12月的K线图

从图6-27中可以看到，该股在2020年2月4日创出4.34元的最低价后一路震荡上涨，该股前期涨势缓慢，到了 11 月初左右，该股连续放大量快速拉高股价，在 11 月 25 日放量收出一根带长上影线和长下影线的阴线，并创出这一波上涨的最高价 11.59 元。

在这一波急速拉升行情中，成交量虽然量能比较大，但是整体表现出量平走势。而且此时股价从最低的 4.34 元上涨到 11.59 元的高位，该股涨幅已经超过 160%。此时股价在创出高价后出现快速回落的走势，很多投资者都会误认为是行情见顶。

那么，此时是否为行情的顶部呢？我们继续观察该股后市走势和筹码分布图进行综合分析。

图 6-28 为东方盛虹 2020 年 11 月至 2021 年 1 月的 K 线图。

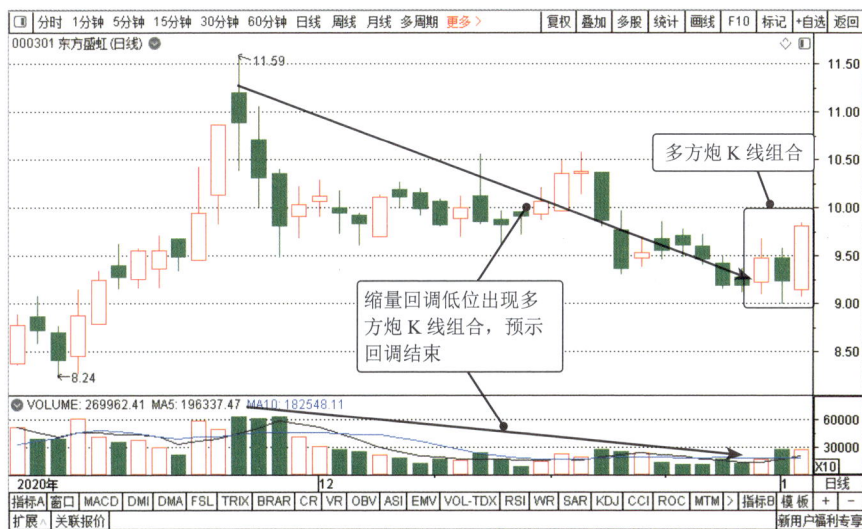

图 6-28　东方盛虹 2020 年 11 月至 2021 年 1 月的 K 线图

从图 6-28 中可以看到，该股在 11.59 元阶段见顶后连续的中阴线拉低股价，确实跌势比较急速，但是之后股价多以小阴线拉低股价，虽然整个跌势经历了一个多月，但是整个跌势还是比较平缓。

观察整个回落过程中的成交量可以发现，此时成交量出现了明显的持续缩量形态。

并且在 2020 年 12 月 31 日和 2021 年 1 月 4 日与 5 日这 3 天，K 线形成了明显的多方炮 K 线组合，发出见底信号，预示回落可能止跌，后市可能是一波反弹行情。

再观察此时的筹码分布图。

图 6-29 为东方盛虹 2019 年 12 月至 2021 年 10 月的 K 线图。

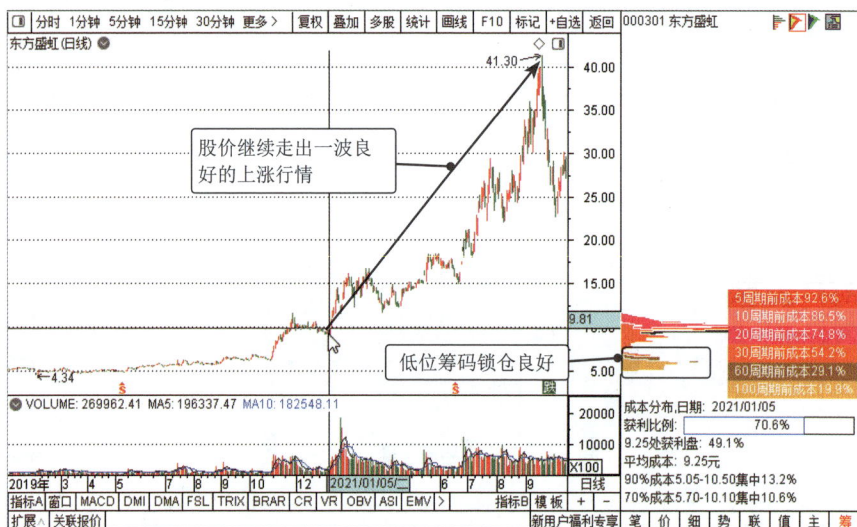

图 6-29　东方盛虹 2019 年 12 月至 2021 年 10 月的 K 线图

从图 6-29 中可以看到，该股在 2021 年 1 月 5 日形成多方炮见底信号后，此时虽然在 8.00 元至 11.00 元形成了不少的高位筹码，但是下方 5.00 元至 7.00 元的低位筹码锁仓良好，说明主力筹码并未松动，此时在大幅上涨高位出现的回落，只是主力清理浮筹的一种手段。

结合在回调低位出现的多方炮 K 线组合可以明确回调结束，后市不是下跌图中的反弹行情，而是延续前期的上涨行情继续上涨，此时投资者可以积极逢低吸纳，追涨。

从后市的走势来看，该股后来继续经历了一波良好的上涨行情，投资者如果在 1 月 5 日之后积极买入做多，持股一段时间后卖出，可获得不错的收益。

知识拓展 *下跌途中或长期低位的 K 线见底组合与筹码分布图的应用*

　　如果在下跌途中横盘震荡一段时间，某天又开始走出一波快速下跌行情之后出现 K 线见底组合形态，但此时上峰筹码不见减少，且离横盘位置较近，投资者则应谨慎抄底，只可轻仓介入博短线反弹，一旦发现反弹有结束迹象，一定要果断斩仓出局。

　　如果是在低位长期横盘过程中，某天出现 K 线见底组合形态，则组合形态发出的股价见底有效性并不大，投资者可以继续观察股价能否继续突破横盘形成的筹码峰，突破时再跟进也为时不晚。

6.2.2　顶部 K 线组合与筹码分布实战

　　通常情况下，当形成顶部反转 K 线组合时，都伴随着巨大的成交量，在筹码分布图上可以看到，5 周期内的筹码分布急剧增加，再结合行情走势以及筹码分布在一段时间内的变化，就可以在行情转折时掌握先机，早一步离场，锁定更多利润。

　　在综合运用见顶 K 线组合与筹码分布图时，应注意以下两种情况。

（1）大幅上涨末期出现的 K 线见顶组合与筹码分布图的应用

　　如果股价出现了几波大幅度的上涨，在最后一波上涨后出现见顶 K 线组合形态，则至少有一波较大幅度的回调行情。

　　在回调过程中主要观察下方筹码是否快速上移，是否形成高位单峰密集，如果两者都形成，则可能是长期上升趋势的转势拐点。

　　下面来看一个案例。

实例分析

许继电气（000400）阳孕阴组合与筹码分布图结合分析卖点

　　图 6-30 为许继电气 2021 年 6 月至 12 月的 K 线图。

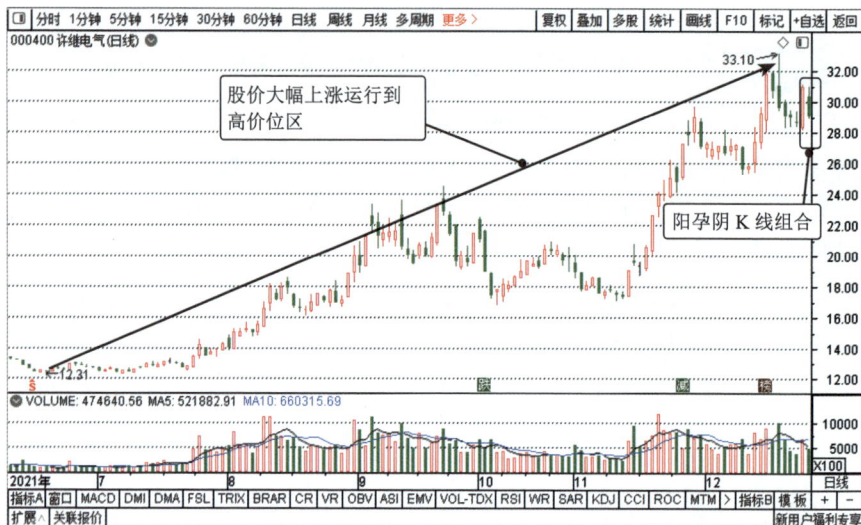

图 6-30　许继电气 2021 年 6 月至 12 月的 K 线图

从图 6-30 中可以看到，该股在 2021 年 6 月 18 日运行到低价位区，并创出 12.31 元的最低价，随后股价止跌企稳回升，步入上涨。

虽然在 9 月上涨到 22.00 元价位线附近时经历了一波长达两个多月的震荡回落行情，但是股价最终在 18.00 元价位线获得有效支撑止跌，重拾升势。

之后股价再次快速拉升上涨，并在 12 月中旬运行到 32.00 元价位线再次滞涨，之后连续 5 日阴线报收出现快速回落走势。

至此，股价从最低的 12.31 元上涨到最高的 33.10 元，涨幅达到 169%，也是比较不错的涨幅了。

在 12 月 23 日，该股低开后一路高走，当日以 8.29% 的涨幅收出大阳线，次日，股价以 6.24% 的跌幅收出中阴线，这两个交易日的 K 线形成典型的阳孕阴组合形态，发出股价顶部到来的信号。那么，此时是股价阶段性顶部的标志？还是行情见顶的标志？

下面结合筹码分布图进行分析。

图 6-31 为许继电气 2021 年 5 月至 2022 年 5 月的 K 线图。

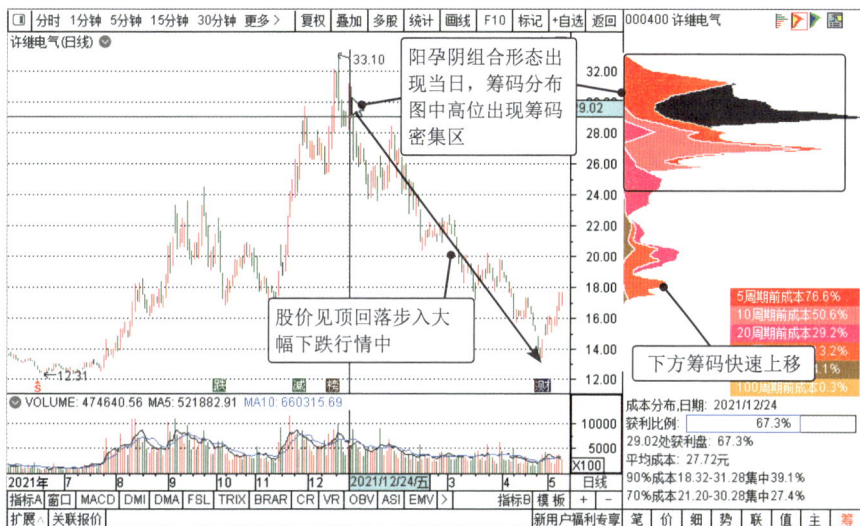

图 6-31　许继电气 2021 年 5 月至 2022 年 5 月的 K 线图

从图 6-31 中可以看到，在 2021 年 12 月 24 日，出现阳孕阴 K 线组合形态时，当日的筹码分布图中可以明显看到，在近期出现了大量的筹码，且在高位形成密集区，而且下方筹码也在快速向上转移。

因此可以判断，阳孕阴 K 线组合发出的是行情见顶的信号，而不是波段的阶段见顶。

此时投资者要积极逢高清仓，落袋为安。从后市的走势来看，该股经历了一波快速震荡下跌行情，每次的震荡反弹高点在不断下移，在短短 4 个月左右的时间，股价从 33.10 元下跌到 14.00 元附近，跌幅达到 58%，也算是比较大幅的下跌了。

如果在 K 线组合和筹码分布都发出行情见顶信号时，投资者没有积极抛售，那么在后市的这一波下跌趋势中将损失巨大。

（2）下跌途中较大反弹末期的 K 线见顶组合与筹码分布图的应用

如果在下跌途中出现较大幅度的反弹行情末期，出现 K 线见顶组合形态，首先考虑回避可能出现的新一轮下跌，特别是反弹到上方筹码峰附近时出现这些组合形态，通常是反弹结束的标志。

下面来看一个案例。

实例分析

南玻A（000012）空方炮组合与筹码分布结合分析卖点

图 6-32 为南玻 A 在 2020 年 1 月至 2021 年 10 月的 K 线图。

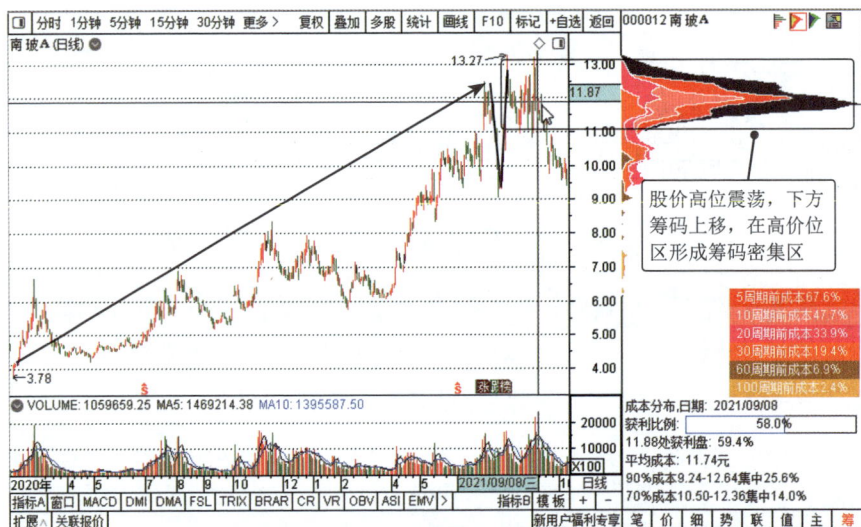

图 6-32　南玻 A 在 2020 年 1 月至 2021 年 10 月的 K 线图

从图 6-32 中可以看到，该股在 2020 年 2 月初创出 3.78 元的最低价后止跌回升，后市经历了一波大幅震荡上涨行情。在 2021 年 7 月中旬，该股第一次上涨到 12.00 元价位线附近后滞涨。

之后该股出现一波急速下跌，在 9.00 元受到支撑后出现急速拉升的行情，股价再次上涨到 12.00 元价位线附近后，该股再次出现滞涨，股价在 11.00 元至 13.00 元的价格区间横盘震荡，在这一期间股价最高上涨到 13.27 元。

观察此时的筹码分布图可以发现，下方低位筹码只剩少许，大部分筹码在横盘震荡期间已经上移到 11.00 元至 13.00 元的价格区间，并形成高位筹码密集区。

2021 年 9 月中旬，股价跌破 11.00 元的横盘低位后开启下跌行情。

图 6-33 为南玻 A 在 2021 年 8 月至 2021 年 12 月的 K 线图。

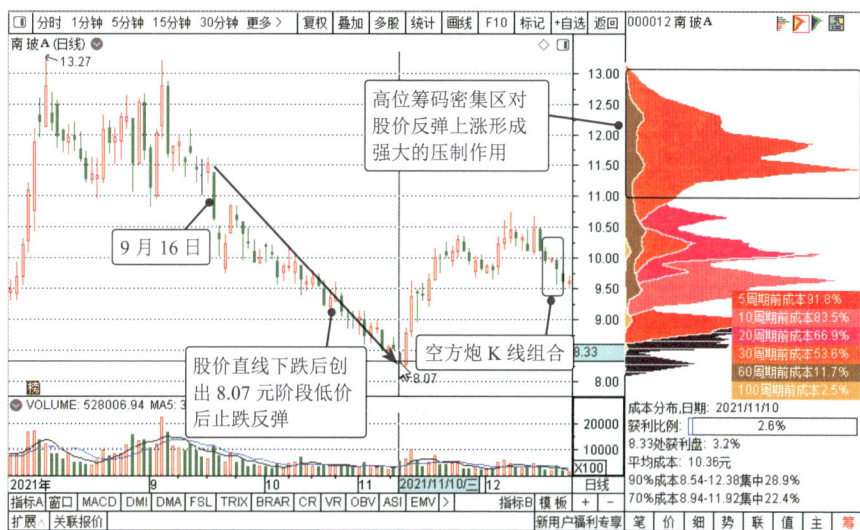

图 6-33　南玻 A 在 2021 年 8 月至 2021 年 12 月的 K 线图

从图 6-33 中可以看到，该股在 2021 年 9 月 16 日以 7.81% 的跌幅收出大阴线跌破 11.00 元价位线后几乎是以直线的方式展开下跌。最终在 11 月 10 日创出 8.07 元的阶段低价后止跌。

观察此时对应的筹码分布图可以发现，虽然随着股价下跌，高位筹码出现下移形态，但是大部分筹码还是坚定地停留在 11.00 元至 13.00 元的价格区间，这部分筹码将对股价的反弹上涨起到有效的抑制作用。

之后该股走出一波震荡上涨的反弹行情，在 11 月下旬，股价上涨到 10.50 元价位线下方时出现了一波短暂的回落，之后股价快速拉起再次上冲 10.50 元价位线。

但是在高位筹码密集区的压制下，股价在上涨触及 10.50 元价位线后出现滞涨横盘，并在 12 月 15 日、16 日和 17 日，K 线形成空方炮组合形态，跌破了 10.00 元价位线，打破了横盘走势，也发出反弹见顶的信号，此时投资者应该积极抛售筹码，落袋为安。

图 6-34 为南玻 A 在 2021 年 8 月至 2022 年 4 月的 K 线图。

图 6-34　南玻 A 在 2021 年 8 月至 2022 年 4 月的 K 线图

从图 6-34 中可以看到，该股随后进入了长时间的下跌走势通道中，且股价反弹高点逐步下移，再也没有触及过 10.50 元的价位线。

如果投资者没有在 2021 年 11 月至 12 月的反弹行情中及时出局，将在后市的下跌行情中被长时间套牢。

> **知识拓展**　**上升途中或长期横盘的 K 线见顶组合与筹码分布图的应用**
>
> 如果在上升途中横盘震荡一段时间后，在某天又开始走出一波小幅上涨的行情，在这种走势之后出现 K 线见顶组合形态，但下峰筹码并没有减少，并且离下峰密集区位置也较近，则可能只是主力故意做线吓唬一些技术派投资者，只要股价不跌破下峰密集区都可持有。
>
> 如果行情在长期横盘整理的过程中出现 K 线见顶组合形态，则形态的有效性并不大，可以继续观察股价是否会跌破横盘形成的筹码峰，如有跌破，则可能是新一波下跌的开始。

6.3　反转 K 线形态与筹码分布结合实战

在前面讲解的 4 类反转形态中，V 形形态由于形成的时间比较短，投资者一般不容易把握，而三重形态比双重形态多一重，又可以看成是特殊的头肩形态，其使用和这两种形态差不多。

因此，本节主要针对双重形态和头肩形态与筹码分布结合使用进行实战讲解。

6.3.1　双重底形态与筹码分布实战

双重底不一定都是行情的反转，也可能是下跌过程中一次比较大的技术反弹，当反弹结束后，行情会继续前期的下跌行情。

如何能够可靠地研判双重底发出趋势反转的信号呢？比较有效的方法就是结合筹码分布图来进行分析。

在使用筹码分布图结合双重底形态判断趋势反转时，应该从以下几点进行分析。

◆ 股价在大幅下跌的低位创出新低后出现反弹，此时前期高位套牢投资者寄希望于此轮反弹会出现大涨，因此抛售筹码有限，此时大部分筹码还在高位，并没有转移到下方形成密集区。主力没有收集到足够的筹码，肯定不会大幅拉升，为了让更多套牢盘交出筹码，主力会再进行一次拉低。

◆ 股价在双重底的第一个底形成并反弹一段时间后就会主动出击拉低股价，前期套牢盘担心行情会继续下跌，于是纷纷割肉清仓出局，此时市场中的交投表现活跃，成交量明显放大，上方筹码迅速向下转移，低位筹码不断增加。如果在右底位置时能形成低位筹码峰，则行情见底信号更可靠。

◆ 由于股价多次往返在双重底的颈线位置，因此该位置就会聚集大量的筹码，低位筹码峰的核心区域也出现在该位置，之后如果股价突破该筹码密集区，那么上涨就成为必然的趋势，投资者此时就应该积极买入抄底。

◆ 有时候经过第二次底后，如果上方筹码没有完全转移到下方，此时还会出现回抽颈线的情况，目的是让上方筹码转移到低位，减小主力的拉升阻力。

下面来看一个案例。

实例分析

沃森生物（300142）双重底形态与筹码分布结合分析买点

图 6-35 为沃森生物 2020 年 8 月至 2021 年 2 月的 K 线图。

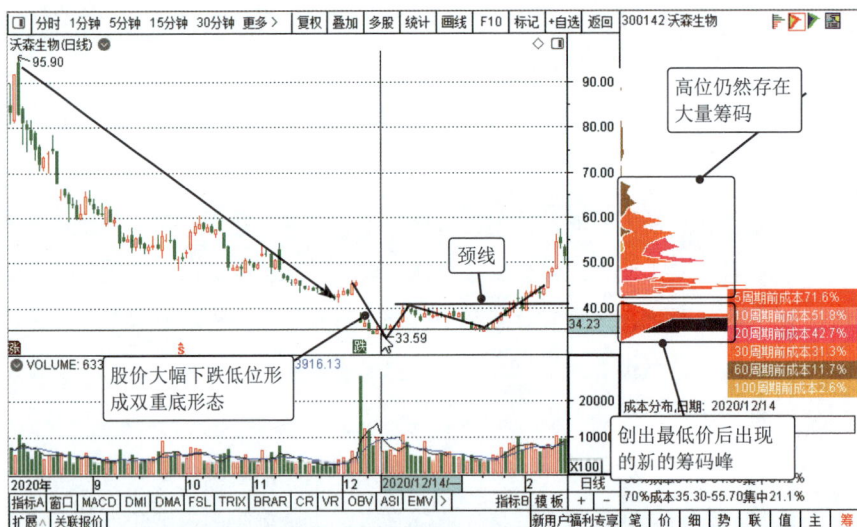

图 6-35　沃森生物 2020 年 8 月至 2021 年 2 月的 K 线图

从图 6-35 中可以看到，该股从 95.90 元的高价经过 4 个多月的下跌后于 2020 年 12 月 14 日创出 33.59 元的低价，跌幅约为 65%。

之后股价短暂反弹，在触及 40.00 元的价位线时反弹结束后缩量下跌，并于 2021 年 1 月中旬在前期最低点的附近止跌后温和放量拉升股价，形成典型的双重底形态。

观察该股在 2020 年 12 月 14 日当天创出 33.59 元的最低价的筹码分布图可以发现，此时该股在 34.00 元至 37.50 元的价格区间形成了新的低位筹码密集峰，但是在 40.00 元价格上方还存在大量的高位筹码，说明此时市场中还存在大量的套牢盘。

图 6-36 为沃森生物 2020 年 11 月至 2021 年 8 月的 K 线图。

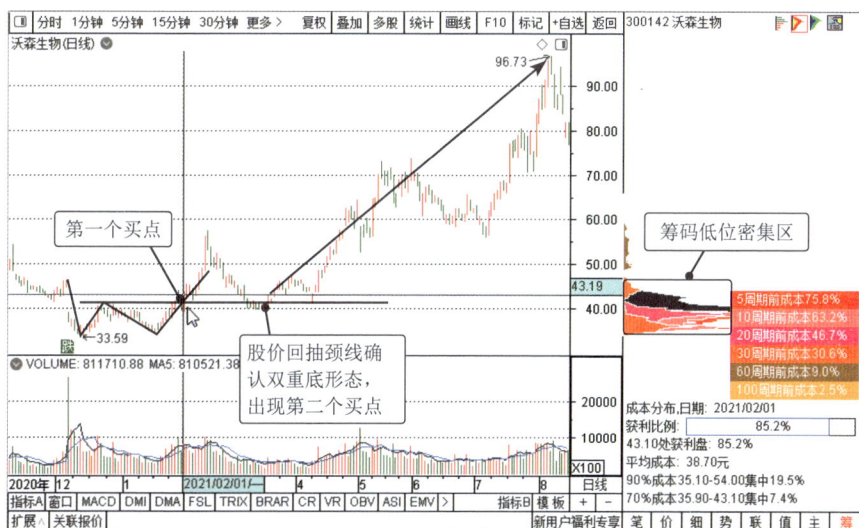

图 6-36　沃森生物 2020 年 11 月至 2021 年 8 月的 K 线图

从图 6-36 中可以看到，在双重底形态形成之后，股价温和放量突破颈线后，上方高位筹码快速下移，并以 40.00 元为中心形成低位筹码密集区，说明经过第二底后，主力收集到了足够的筹码，双重底发出的是可靠的行情反转信号，在股价放量突破该筹码密集区时就是一个买点，激进的投资者可以在这里逢低吸纳建仓。

虽然该股在 60.00 元价格线下方上涨受阻出现回落走势，但是股价在 40.00 元的颈线位置受到低位筹码密集区的支撑后止跌，这是双重底回抽颈线的形态，更加确认双重底形态形成，此时投资者应积极逢低买入或者加仓，持股待涨。

从后市的走势来看，该股上涨到 96.73 元的最高价，出现翻倍上涨的行情，如果投资者在双重底回抽颈线获得低位筹码密集区的支撑后积极逢低买进该股，持股一段时间后，在任意时间点卖出，都将获得不错的收益。

6.3.2　双重顶形态与筹码分布实战

构筑双重顶的时间要求没有双重底严格，因为在股价的底部通常成交清淡，主力需要通过较长的时间才能在不引起散户注意的情况下吸收足够的筹码完成建仓动作。

而在股价的顶部通常成交活跃，成交量巨大，主力可以不需要太长的时间就能完成出货动作。

如果双重顶的形成时间越长，其见顶的可靠性也越高。但是对于双重顶形成时间超过半年的，其判断价值就很小了。

在使用筹码分布图结合双重顶形态判断趋势反转时，应该从以下几点进行分析。

◆ 在股价大幅上涨的高位，股价创出一个新高后反转向下时，追涨者会认为此时只是上涨过程中的正常回调走势，于是纷纷进场接盘，主力则乘机进行出货操作。因此在高位就会形成大量的筹码分布，而此时下方低位的筹码峰仍然存在，这就表明经过双重顶的第一个顶，主力还未完成出货。

◆ 为了让更多的追涨者介入接盘，主力会再次拉升股价，引诱散户入场，主力顺利派发，即在双重顶的第二个顶形成时，成交量会明显放大，对应的筹码分布图中显示为下方筹码快速向上转移，高位筹码峰不断增加。

◆ 由于股价多次往返在双重顶的颈线位置，因此该位置就会聚集大量的筹码，高位筹码峰的核心区域也出现在该位置，之后如果股价跌破该筹码密集区，那么下跌就成为必然的趋势，投资者此时就应该立即清仓离场。

下面来看一个案例。

实例分析

亿通科技（300211）双重顶形态与筹码分布结合分析卖点

图 6-37 为亿通科技 2020 年 11 月至 2021 年 8 月的 K 线图。

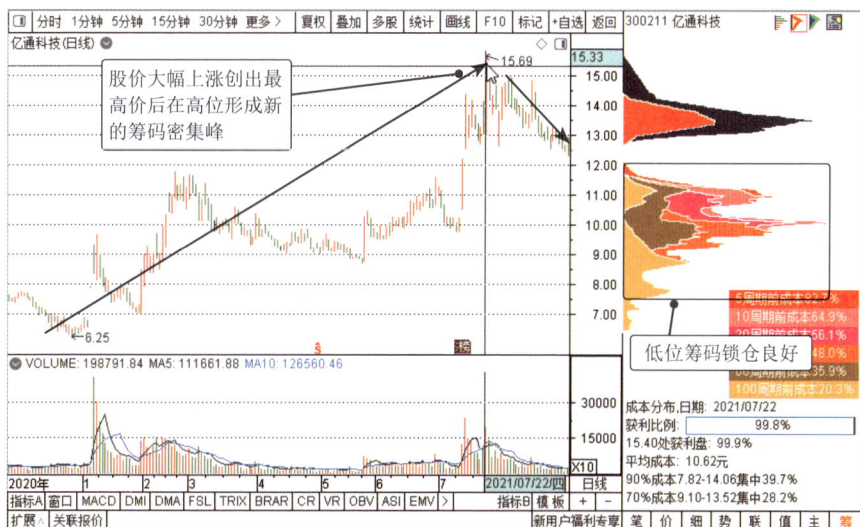

图 6-37　亿通科技 2020 年 11 月至 2021 年 8 月的 K 线图

从图 6-37 中可以看到，该股回落到 2020 年底后跌势减缓，并在 12 月 28 日创出 6.25 元的阶段最低价后股价企稳回升重新步入上涨行情。

股价在 2021 年 2 月底上涨到 11.00 元价位线上方后，有过一波长达 3 个月的大幅回落整理，但是最终在 9.00 元价位线附近止跌。

之后该股出现快速上涨行情，并在 7 月 22 日创出 15.69 元的最高价，从前期 6.25 元的低价到此时最高的 15.69 元，该股涨幅已经超过 151%。

观察创出 15.69 元当日的筹码分布图可以发现，虽然当日在高位新增了很多筹码，但是下方筹码锁定良好，因此，在之后股价出现的回落，很多散户都认为是上涨过程中的正常回调，于是纷纷在此时追涨。

那么，这个位置是否真的就是正常的回调呢？下面来观察股价回落过程中的筹码分布变化。

图 6-38 为亿通科技 2021 年 1 月至 2022 年 1 月的 K 线图。

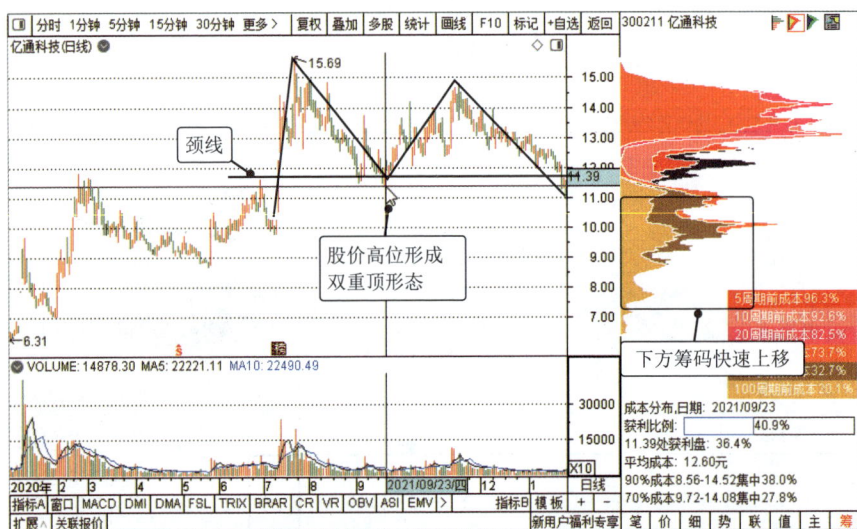

图 6-38　亿通科技 2021 年 1 月至 2022 年 1 月的 K 线图

从图 6-38 中可以看到，该股在 2021 年 7 月 22 日创出 15.69 元的最高价后出现了一波快速下跌走势，但是股价在下跌到 12.00 元价位线时跌势减缓，最终在 9 月下旬左右止跌回升进入反弹行情。

观察股价在 2021 年 9 月 23 日的筹码分布图可以发现，随着股价的快速回落，下方的低位筹码开始逐步向上转移，并在 12.00 元价位线上方形成明显的高位筹码密集峰，说明主力趁着股价回落、散户追涨时，开始逐步出货兑现筹码。

该股随后温和放量拉高股价，但是放量的量能明显低于前期上涨拉升的量能，最终股价反弹还未到 15.00 元的价位线便结束。

股价反弹上涨不及前期高位，说明股价上涨缺乏足够的动力，行情见顶的概率较大。之后股价快速下跌并跌破前期回落的低点，在 K 线图上形成典型的双重顶形态，此时投资者就要谨慎追涨了，最好逢高抛售或者减仓，落袋为安。

图 6-39 为亿通科技 2021 年 4 月至 2022 年 5 月的 K 线图。

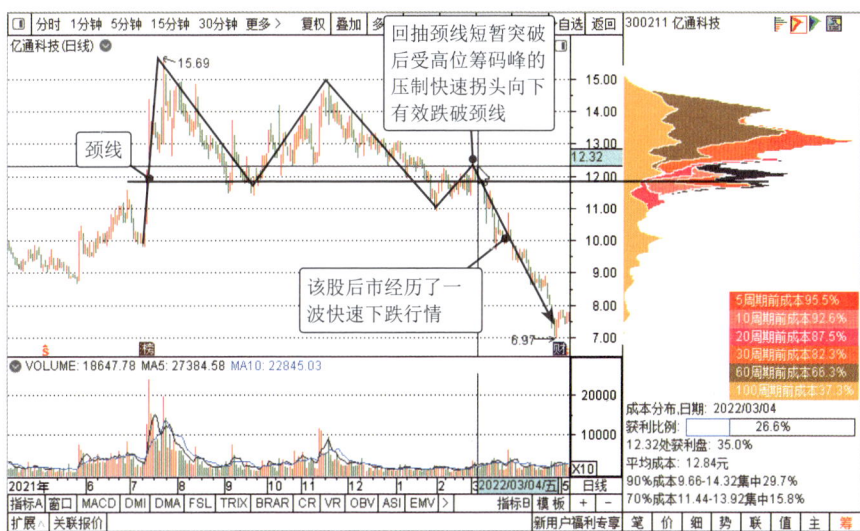

图 6-39　亿通科技 2021 年 4 月至 2022 年 5 月的 K 线图

从图 6-39 中可以看到，虽然股价之后回抽颈线，但是市场中做空氛围浓烈，整个回抽反弹涨势十分吃力，股价在短暂突破颈线后很快便拐头向下有效跌破颈线，股价反弹结束。

观察回抽颈线的筹码分布图可以发现，此时下方低位筹码已经几乎全部转移到上方，并且颈线位置处的筹码密集峰对股价形成了明显的压力，更加确定了行情见顶，投资者要果断清仓。

随后，该股出现了一波快速的直线下跌行情，从回抽颈线反弹的高位 12.40 元左右开始下跌，不到两个月的时间，股价下跌创出 6.97 元的低价，跌幅达到 44%。

如果投资者没有在股价回抽双重顶颈线时及时清仓出局，在后市的下降过程中将会遭受较大的损失。

6.3.3　头肩底形态与筹码分布实战

头肩底形态形成的时间通常比较长，一旦向上突破颈线后，反转概率比双重底更高。

在使用筹码分布图结合头肩底形态判断趋势反转时，应该从以下几点进行分析。

◆　在股价大幅下跌的低位，当头肩底形态的左肩和头部形成时，此时高位套牢者仍然寄希望于股价之后能够出现更大的反弹行情，因此市场中抛售的筹码有限，对应的筹码分布图显示出高位仍然聚集大量筹码，而底部的筹码却相对较少，没有形成密集筹码峰，此时主力是不会大幅拉升的。

◆　为了获得更多廉价筹码，此时主力会再次主动拉低股价，使高位套牢者交出筹码，因此在头肩底的右肩形成时，往往都伴随着成交量的明显放大，从筹码分布图上来看，高位筹码迅速向下转移，并在低位形成密集峰。

◆　在头肩底形态中，通常情况下，颈线位置附近就是底部筹码峰的核心区域，只有当股价向上突破这一筹码密集区域，上涨行情才真正被打开，后市看涨，此时投资者应该逢低吸纳，积极买入做多，持股待涨就能获得不错的收益。

◆　有时候股价在低位形成头肩底形态后，上方高位可能仍然存在许多筹码，此时主力可能会再次大幅度拉低股价，从而使得这部分高位筹码被迫向下转移到低位，一旦筹码低位形成单峰密集形态，就表示主力控盘程度高，这种情况下，该股后市的上涨也比较可期，投资者可在低位积极买进。

下面来看一个案例。

实例分析

东方日升（300118）头肩底形态与筹码分布结合分析买点

图 6-40 为东方日升 2017 年 3 月至 2018 年 10 月的 K 线图。

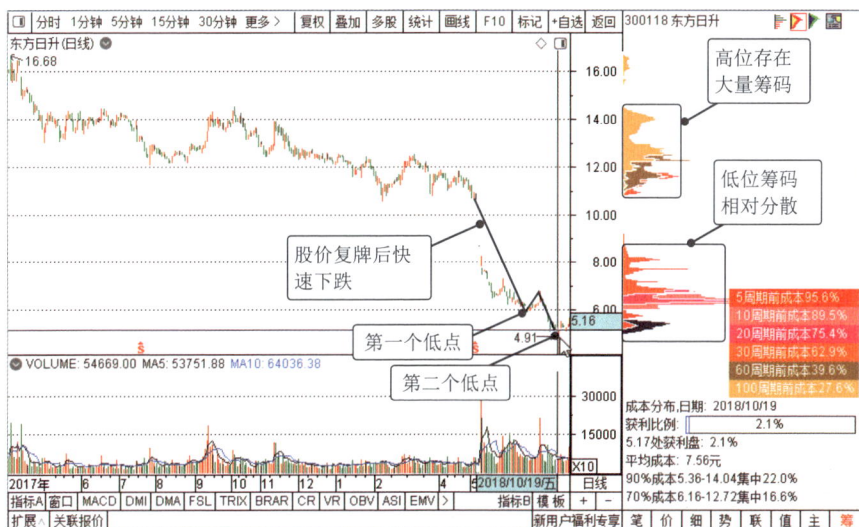

图 6-40　东方日升 2017 年 3 月至 2018 年 10 月的 K 线图

从图 6-40 中可以看到，该股经历了一波长时间的深幅下跌行情。在整个震荡下跌过程中，股价在 2018 年 2 月下跌到 11.00 元价位线附近后出现了跌势减缓的走势，之后股价始终在 11.00 元至 12.00 元波动，行情进入一个窄幅横盘的阶段。

2018 年 5 月 7 日，东方日升发布《关于东方日升新能源股份有限公司股票临时停牌的公告》，宣布停牌。最终在 2018 年 8 月 7 日复牌，但是复牌后该股随即连续两个交易日收出一字跌停 K 线，使得股价跌破了停牌前的横向整理走势。

随后该股一路震荡继续下跌，最终于 2018 年 9 月中下旬在 6.00 元价位线附近止跌，出现一个低位，短暂反弹后又出现快速下跌，并在 2018 年 10 月

19 日创出 4.91 元的最低价，出现第二个低位。

下面来观察对应的筹码分布图，从筹码分布图中可以发现，此时在 11.00 元至 14.00 元的价格区间还存在大量的高位筹码，虽然下方也出现了一些低位筹码，但是相对而言都比较分散。

图 6-41 为东方日升 2017 年 4 月至 2018 年 12 月的 K 线图。

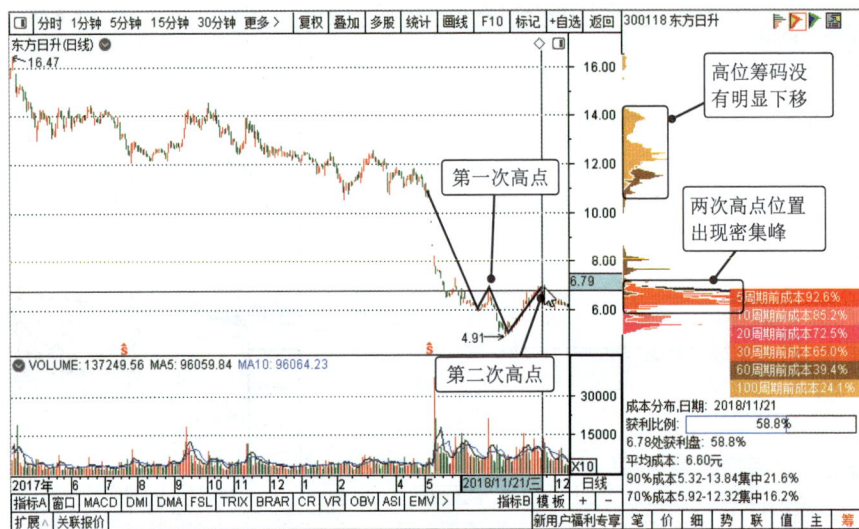

图 6-41　东方日升 2017 年 4 月至 2018 年 12 月的 K 线图

从图 6-41 中可以看到，该股创出 4.91 元的最低价后出现了一波不错的反弹行情，但是行情反弹到前期高点位置时滞涨。

观察此时的筹码分布图可以发现，虽然在近期两个相对水平的反弹高点位置增加了许多新的筹码，并且在 6.00 元至 7.00 元价格区间形成了明显的筹码密集峰，但是，此时上方的高位筹码并没有出现明显减小，说明高位套牢盘仍然在观望。

主力如果要操作这只股票，为了减轻后市的拉升阻力，就会继续主动拉低股价，从而迫使这部分投资者交出手中的筹码。

图 6-42 为东方日升 2018 年 4 月至 2021 年 1 月的 K 线图。

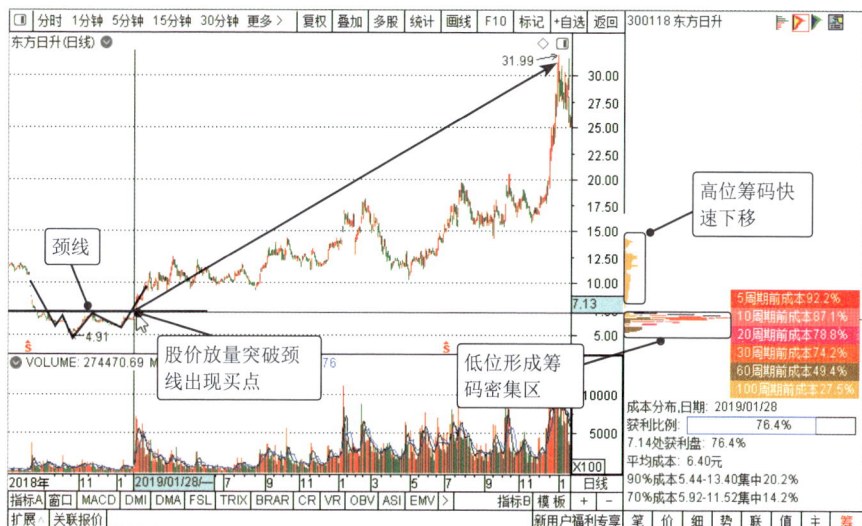

图 6-42 东方日升 2018 年 4 月至 2021 年 1 月的 K 线图

从图 6-42 中可以看到，该股经历了一波长达两个多月的回调下跌行情，股价在下跌到 6.00 元价位线下附近时止跌回升。

随后该股反弹到前期两个高点附近位置出现了短暂的停留，在短短的横盘整理后，在 2019 年 1 月 28 日放量急速拉升股价强势突破头肩底形态的颈线，K 线头肩底形态确立，预示着行情已经见底，发出可靠的行情见底回升的信号。

观察 2019 年 1 月 28 日对应的筹码分布图可以发现，在股价经过一波回调后反弹行情，并在颈线位置短暂停留后，此时高位筹码出现了快速下移，并在颈线位置附近出现明显的低位筹码密集区，说明此时市场中的大部分筹码都掌控在主力手中。

之后成交量放量强势拉升股价突破这一筹码密集区就是上升行情开启的标志，综合头肩底形态和筹码分布图的分析，可以更加确定此时上涨行情已经来临，投资者应该积极逢低吸纳，持股待涨。

从后市的涨势来看，该股经历了一波大幅上涨的上升行情，从突破颈线的 7.00 元左右的价格到最高创出 31.99 元的价格，涨幅达到 357%。如果投资者能够及时跟进，持股待涨，将获得非常不错的收益。

6.3.4　头肩顶形态与筹码分布实战

当双重顶的第二个顶高于第一个顶时，就很容易演变成头肩顶形态，因此头肩顶的形成时间通常比双重顶形成的时间更长，这就给主力更充分的出货时间，往往后市的跌势也更加凶猛。

在使用筹码分布图结合头肩顶形态判断趋势反转时，应该从以下几点进行分析。

◆ 在股价大幅上涨的高位，当头肩顶形态的左肩和头部形成时，由于头部比左肩高出许多，这就让散户以为股价还会继续创出新高，于是纷纷追涨接盘，主力乘机出货，此时成交量出现明显的放大。对应的筹码分布图中显示，高位出现许多筹码峰，但是此时下方仍然存在部分筹码，因此，股价还不会快速下跌。

◆ 由于经过前面两次拉高，主力出货不理想，此时为了便于将手中剩下的筹码全部抛售，会再进行一波拉伸，这就是头肩顶形态的右肩。但是此时右肩冲高相较于前面两个顶来说，成交量有比较明显的缩量，下方筹码也迅速向高位转移，并在高位形成密集峰。

◆ 在头肩底形态中，通常情况下，颈线位置附近就是高位筹码峰的核心区域，如果股价向下跌破这一密集区域后，伴随着下跌低位筹码的快速消失，表明一波长期上升趋势发生扭转，下跌行情来临，此时投资者要果断抛售。

◆ 有时候股价在高位形成头肩顶形态后，低位可能仍然存在许多筹码，此时主力可能会在高位震荡，从而派完手中的筹码，此时筹码分布图中显示的低位筹码基本上全部转移到高位，一旦高位形成了单峰密集形态，就表示主力出货完毕，随之而来的就是漫漫跌路。

下面来看一个案例。

实例分析

东方盛虹（000301）头肩顶形态与筹码分布结合分析卖点

图 6-43 为东方盛虹 2020 年 9 月至 2021 年 8 月的 K 线图。

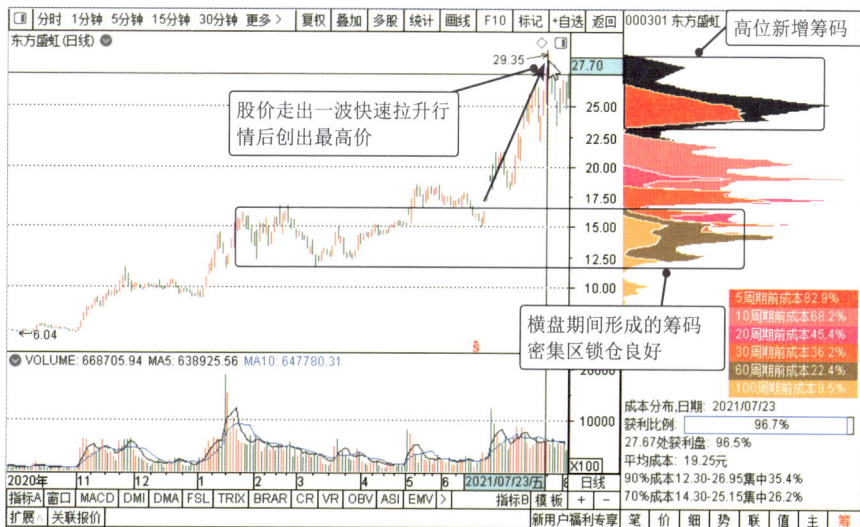

图6-43　东方盛虹 2020 年 9 月至 2021 年 8 月的 K 线图

从图 6-43 中可以看到，该股一路上涨，在 2021 年 1 月运行到 15.00 元价位线后滞涨，之后股价在 12.50 元至 16.00 元的价格区间横向整理。筹码在这一整理区间形成了筹码密集区。

在 2021 年 5 月中旬，股价放量突破盘整高点，但是很快就回落到 15.00 元的价位线获得支撑。股价再次放量拉升走出一波快速上涨行情，并在 2021 年 7 月 23 日创出 29.35 元的最高价。

观察此时的筹码分布图可以发现，随着股价的快速上涨，筹码在不断分散，该股在创出 29.35 元最高价的当日，筹码分布图的高位新增了大量筹码，并形成明显的高位筹码峰，而下方的低位筹码呈现出良好的锁定状态，说明此时主力手中还有大量筹码没有派发，股价不会立即见顶。

图 6-44 为东方盛虹 2020 年 12 月至 2021 年 9 月的 K 线图。

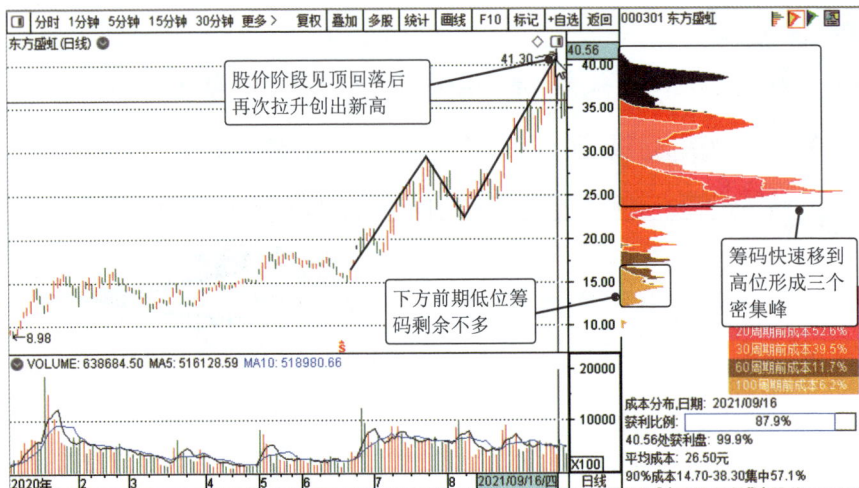

图 6-44　东方盛虹 2020 年 12 月至 2021 年 9 月的 K 线图

从图 6-44 中可以看到，该股在创出 29.35 元的高价后阶段见顶，随后股价出现回落，但是这波回落走势持续的时间比较短，仅维持了 10 个交易日左右。之后股价在 23.00 元价位线附近止跌回升，许多散户误认为此时为股价的正常回调，因此在股价止跌后纷纷追涨，之后股价也确实继续上涨了一个月左右的时间，并在 2021 年 9 月 16 日创出 41.30 元的高价。

观察 2021 年 9 月 16 日的筹码分布图可以发现，经过回调→拉升这一过程，下方 12.50 元至 16.00 元的价格区间的低位筹码快速转移到高位，在高位形成三个明显的筹码峰，下方低位筹码剩余不多，说明市场中大部分低位筹码已经转移到高位，这是主力兑换大部分筹码的表现。

在大幅上涨的高价位区出现这种形态，股价见顶的可能性很大，稳健的投资者最好逢高卖出，落袋为安。

图 6-45 为东方盛虹 2021 年 1 月至 2022 年 5 月的 K 线图。

从图 6-45 中可以看到，该股创出 41.30 元的最高价后出现了快速回落的走势，短短不到一个月的时间，股价从 41.30 元下跌到 23.00 元价位线附近止跌，跌幅超过 44%。

之后股价在前期低点位置企稳回升，但是此轮上涨仍然只上涨到 30.00 元价位线附近后便拐头向下，这一次的反弹高点与 2021 年 7 月 23 日创出的阶段高价 29.35 元非常接近，之后在连续 7 个交易日阴线拉低股价的作用下跌破了 23.00 元的颈线价格，K 线图形成典型的头肩顶形态。

很快，股价出现止跌回抽颈线并在颈线上方受到压制，股价在 24.00 元价位线下方横盘整理。观察此时的筹码分布图可以发现，下方低位筹码已经全部转移到高位，并且随着下跌与整理行情的展开，股价在 22.00 元至 26.00 元的价格区间形成筹码密集峰，更加确定了主力派发已经完成，后市看跌。

之后股价步入大幅下跌行情中，如果投资者在头肩顶形态出现，并结合筹码分布图确定行情见顶时没有及时清仓出局，将会遭受巨大的损失。

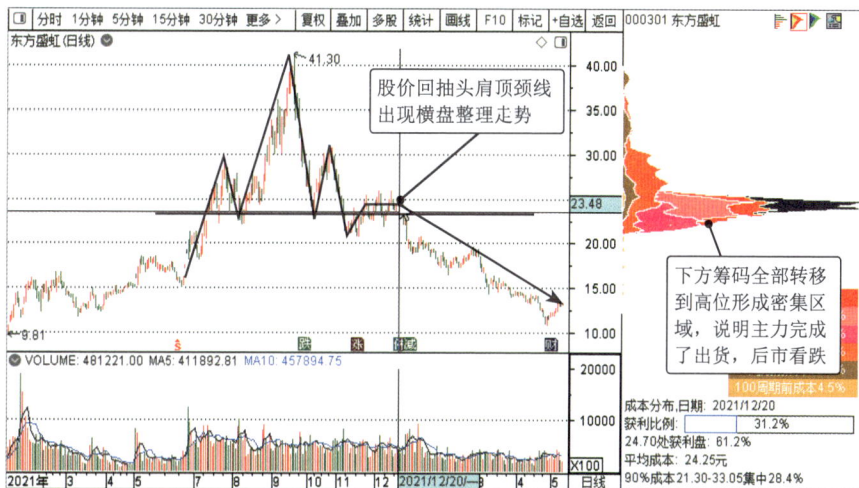

图 6-45　东方盛虹 2021 年 1 月至 2022 年 5 月的 K 线图

6.4　整理形态与筹码分布结合应用

整理形态与筹码分布结合使用也是通过形态形成后观察筹码分布图的变化，以此来进一步确定股价突破或者跌破形态后发出的股价继续上涨或继续下跌信号的可靠性。下面以三角形整理形态为例，讲解整理形态与筹码分布结合的实战应用。

6.4.1　整理形态与筹码分布结合分析买点

上升三角形相对来说是比较常见的整理形态，该形态的出现说明市场中的多方力量正在不断增强，对应的空方力量正在不断减弱，一旦股价向上突破上升三角形的上边线，就是上涨行情继续的标志。

从筹码分布图的角度来看，在上升三角形形成的过程中，对应的筹码分布图会随着三角形形态的收敛不断从分散聚集到一起。

换而言之，股价在上升三角形整理形态中不断震荡的同时，筹码不断向股价所在区域聚集，并形成密集区域，这是主力拉升过程中的重新清理浮筹策略，目的是减少浮筹，增加自身筹码数量。

当筹码分布图中出现单峰密集形态后，就是股价要做出方向选择的时候。通常，在股价放量突破上升三角形形态的上边线时，股价突破筹码密集峰的压制，此时发出可靠的买入信号，投资者应积极买入追涨。

下面来看一个案例。

实例分析

奥园美谷（000615）突破上升三角形与筹码分布图结合分析买入时机

图6-46为奥园美谷2020年10月至2021年4月的K线图。

从图6-46中可以看到，该股在2020年10月26日创出3.85元的最低价后止跌回升开启上涨行情。之后股价出现一波放量拉升的行情，在2021年2月下旬，该股运行到13.00元价格附近出现滞涨，此时股价涨幅已经达到238%左右，此时滞涨是股价见顶，还是上涨途中的短暂休整呢？

观察此时对应的筹码分布图可以明显看到，股价在高位新增了大量的筹码，但是下方低位仍然有很多筹码，整个筹码分布图呈现出明显的分散状态。

之后股价在高位震荡变化，但是此轮震荡行情的高位始终保持在13.00元价位线附近，而震荡低点不断上移，从 K 线形态上来看，形成了典型的上升三角形整理形态。

在整个形态形成过程中，成交量没有出现放量，反而呈现缩量行情，说明市场中出现惜售现象，大概率可以判断这不是主力在出货。

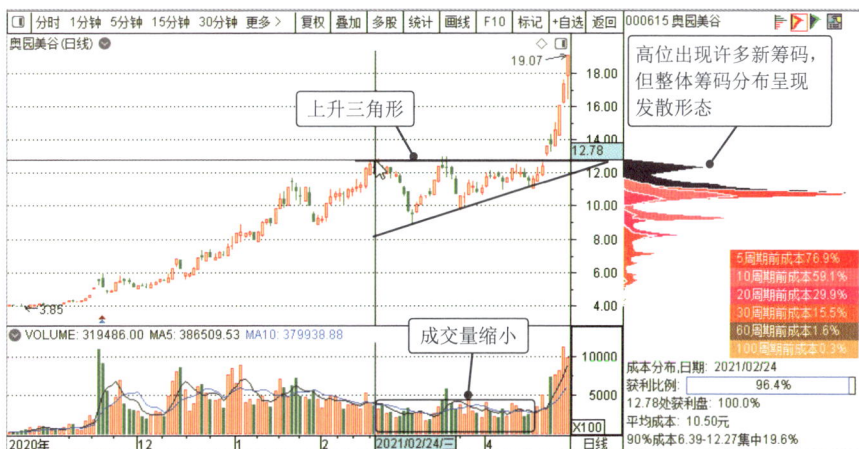

图 6-46　奥园美谷 2020 年 10 月至 2021 年 4 月的 K 线图

下面继续观察上升三角形整理形态形成后的筹码分布图。

图 6-47 为奥园美谷 2020 年 12 月至 2021 年 6 月的 K 线图。

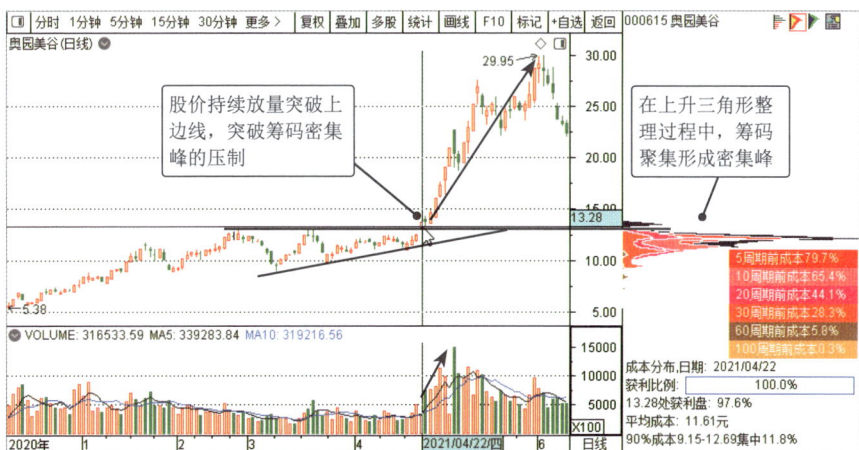

图 6-47　奥园美谷 2020 年 12 月至 2021 年 6 月的 K 线图

从图 6-47 中可以看到，该股在 2021 年 4 月下旬整理完成，在 4 月 22 日跳空高开放量将股价快速推到涨停后封板，之后成交量持续放量拉升股价强势突破上升三角形的上边线，突破筹码密集峰的压制，说明新的上涨行情已经打开，此时投资者要积极逢低吸纳。之后股价最高上涨到 29.95 元，从 13.00 元左右上涨到 29.95 元左右，该股继续走出了一波涨幅超过 130% 的大幅上涨行情。

在本例中，因为前一轮上涨已经出现了 238% 的涨幅，相对来说是比较大的涨幅了，因此在之后的高位滞涨行情中，很多散户都会判断是行情见顶，于是纷纷抛售。

但是，如果仔细分析，充分结合上升三角形整理形态和筹码分布图，就可以分析出这波调整只是上涨行情中的一段休整，是为后市继续拉升蓄势，从而帮助投资者抓住这波继续上涨行情，扩大投资收益。

6.4.2　整理形态与筹码分布结合分析卖点

下降三角形相对来说是比较常见的整理形态，该形态的出现说明市场中的空方力量正在不断增强，对应的多方力量则正在不断减弱，一旦股价向下突破下降三角形的下边线，就是下跌行情继续的标志。

从筹码分布图的角度来看，在下跌三角形形成之处，筹码分布图也是呈现出分散形态，但是随着下降三角形形成时的震荡期间，股价不断从上方下移到震荡价格区间聚集，并形成密集区。

下跌途中出现这种震荡走势，是主力刻意为之，其不希望股价快速下跌的目的可能是手中还有部分筹码未派发完，因此，一旦高位筹码在震荡区形成密集峰时，就表明主力出货完成。

之后股价跌破筹码密集峰，就表明加速下跌行情来临，而震荡期形成的相对低位密集峰就成为股价下跌行情中的新高位筹码峰，其将对股价的下跌形成持续的压制，因此，投资者在股价跌破下降三角形下边线，运行到密集峰下方时，就应该果断清仓出局，规避之后的继续下跌行情。

下面来看一个案例。

实例分析

智云股份（300097）跌破下降三角形与筹码分布图结合分析卖出时机

图 6-48 为智云股份 2020 年 5 月至 12 月的 K 线图。

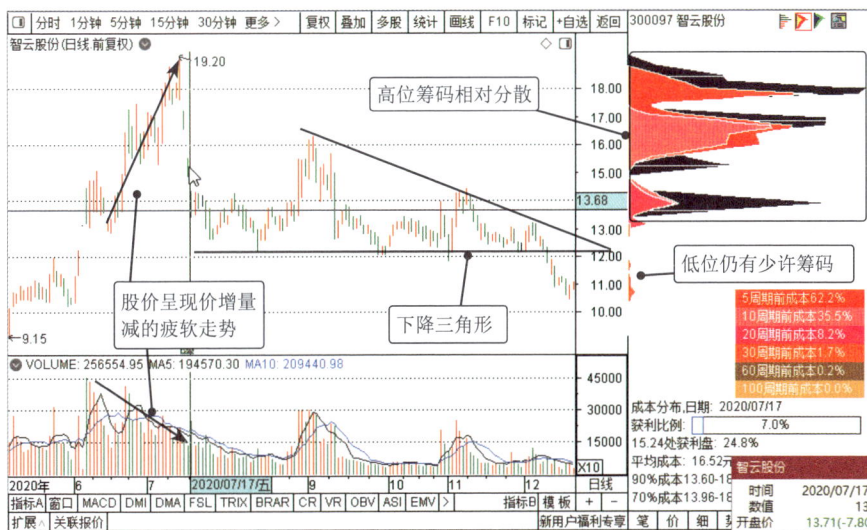

图 6-48　智云股份 2020 年 5 月至 12 月的 K 线图

从图 6-48 中可以看到，该股经过一轮大幅上涨后在 2020 年 5 月底运行到 12.00 元的价位线后受阻出现了一波短暂回落的走势。之后股价在 10.00 元价位线上方止跌，在成交量放量急速拉升后重拾升势，之后股价持续震荡上涨，但是成交量出现明显的缩量，这波股价很快在 19.20 元见顶后回落，并在前期低点附近出现止跌后震荡。

此时在股价大幅上涨的高位出现这种走势疲弱的行情，是股价见顶，还是上涨途中的休整呢？

观察股价创出最高价的快速回落过程中的筹码分布图可以发现，在股价创出 19.20 元的最高价后出现的连续跳空下跌过程中，低位大部分筹码都转移到上方，分布在 13.00 元至 19.00 元的价格区间，12.00 元下方只有少量筹码。

之后股价出现了一波震荡反弹走势，从整个震荡行情来看，震荡的低位基本保持在相同的水平价位线上，即 12.00 元的价位线，而震荡高点却不断变低，K 线走势形成典型的下降三角形整理形态。这种形态是空方势力逐步加强，多方势力逐步减弱的反映。

下面继续观察下降三角形整理形态形成后的筹码分布图。

图 6-49 为智云股份 2020 年 7 月至 2021 年 5 月的 K 线图。

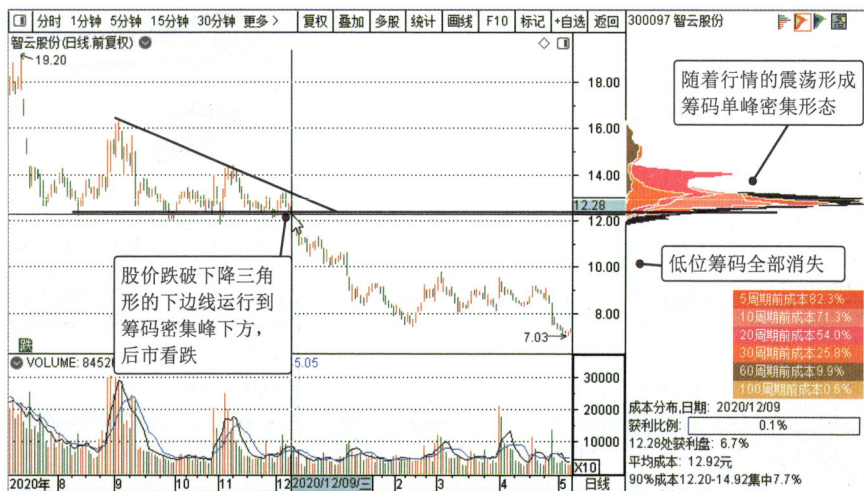

图 6-49　智云股份 2020 年 7 月至 2021 年 5 月的 K 线图

从图 6-49 中可以看到，在 2020 年 12 月上旬基本形成了下降三角形整理形态，观察此时的筹码分布图可以发现，下方的低位筹码已经全部消失，前期高位新出现的筹码也逐步开始下移，在 12.00 元至 14.00 元价格区间聚集，并且随着下降三角形的整理过程，筹码在 12.00 元至 13.00 元的价格区间形成了尖锐的筹码单峰形态，这一密集峰将对股价未来的走势形成支撑或者压制作用。

之后股价快速跌破下降三角形的下边线，运行到筹码单峰的下方，下跌行情加速被打开，此时的密集峰不是主力进场的标志，毕竟下跌行情也刚开启不久，因此不可能会有主力进场接盘，这只能说明主力已经完成了最后筹码的派发，此时投资者要果断清仓，因为后市迎面而来的是快速的大幅下跌行情。

第 7 章

筹码形态与技术指标组合

　　技术指标是炒股分析中的重要工具，它可以直接添加在K线图上，也可以单独在副图窗口显示。实战中，投资者也经常将筹码分布与技术指标结合使用，以提高研判的准确性。本章则挑选两个比较大众化的技术指标，讲解其如何与筹码分布进行结合，实现精准操盘。

7.1 MA 指标与筹码分布形态组合分析

在技术分析指标中，移动平均线（MA）是一种比较简单易学的指标。它是由美国著名的投资专家葛兰威尔于 20 世纪中期提出来的，是分析价格运行趋势的常见方法。

7.1.1 MA 指标基础概述

MA 指标是 Moving Average 指标的简称，其中文名称为移动平均线指标。它是用统计分析的方法，将一定时期内的股价加以平均，并把不同时间的平均值连接起来，形成一根 MA 曲线，用于观察股价变动趋势的一种技术指标。下面从移动平均线周期、转点、交叉和排列四个方面来具体认识这个指标。

（1）移动平均线周期

移动平均线指标是直接加载在炒股软件的主图上的，其默认情况下显示 5 日、10 日、20 日和 60 日移动平均线，如图 7-1 所示。

图 7-1 炒股软件中默认显示的移动平均线

根据移动平均线周期的不同，可将其分为短期移动平均线、中期移动平均线和长期移动平均线三类，具体介绍见表 7-1。

表 7-1　各种周期的移动平均线

周期类型	具体介绍
短期移动平均线	指一个月以下的移动平均线，其波动较大，过于敏感，适合短期投资者。常用的短期移动平均线包括 5 日均线和 10 日均线，其中，5 日均线代表 1 个星期股价运行方向；10 日均线代表半月股价运行方向
中期移动平均线	指一个月以上、半年以下的移动平均线，其走势较沉稳，因此常被使用。常用的中期移动平均线以 20 日均线、30 日均线或 60 日均线为主，20 日均线或 30 日均线称为月移动平均线，代表一个月的平均价或成本；60 日移动平均线俗称季线，另外还有以 55 或 72 日移动平均线作为中期平均线的
长期移动平均线	是指半年以上的移动平均线，其走势过于稳重不灵活，适合长线投资者。在欧美股市技术分析所采用的长期移动平均线，多以 200 天为准。A 股则以半年以上的时间样本作为长期移动平均线的统计依据，通常以 120 日移动平均线代表半年线，250 日移动平均线代表年线

（2）移动平均线的转点

每只股票的价格都是波动变化的，而移动平均线是刻画股价一段时间的平均值，因此移动平均线也是一条波动变化的曲线，其波峰和波谷就是移动平均线的转点，也称为拐点。它通常预示着趋势的转变，因此是移动平均线中非常重要的研究对象。

根据波峰和波谷的划分，转点有波峰转点和波谷转点两种，具体介绍如下。

◆ 波峰转点

当一个移动平均线向上运行后无法再创出新高，并显示出波峰形状（即改变运行方向）后，就是有可能转变趋势的征兆，这种转点通常也是卖点。

◆ 波谷转点

在股价下跌的过程中，移动平均线向下运行，当移动平均线转平并掉头向上时，就形成了波谷，这种转点通常是人们所说的买点。

当股价突然发生逆向运行时，时间周期越长的移动平均线的转点越平滑，时间周期越短的移动平均线转点越尖锐，图 7-2 为炒股软件中不同均线周期对应的波峰转点和波谷转点效果。

图 7-2　移动平均线的转点

（3）移动平均线的交叉

当多条移动平均线同时存在就会出现交叉。

如果上升的短期移动平均线由下而上穿过上升的中、长期移动平均线，形成的交叉就是黄金交叉，简称金叉。一般而言，当出现金叉时，表示后市看好，投资者可以介入持股待涨。

如果下降的短期移动平均线由上而下穿过下降的中、长期移动平均线，形成的交叉就是死亡交叉，简称死叉。一般而言，当出现死叉时，表示后市看空，投资者可以离场观望。

图 7-3 为炒股软件中均线的金叉和死叉形态。

图 7-3　炒股软件中均线的金叉和死叉形态

由于移动平均线只是一种基本趋势线，并且股价的短期波动很容易被主力操纵，形成的金叉或者死叉可能不是股价正常走势形成的，因此，如果投资者仅仅依据金叉或者死叉来指导买卖操作，是不准确的。在实际的投资分析中，单个的金叉和死叉只能作为股价涨跌的一种参考。

（4）移动平均线的排列

在股价运行的过程中，各条移动平均线会出现在某个方向上持续某种规则的运行，不同周期的移动平均线之间就会有各种排列组合，其中的多头排列和空头排列是最具分析意义的排列形态。

◆　多头排列

多头排列组合情况下，各条移动平均线从上到下按照短期均线、中期均线、长期均线进行排列，并且各均线保持同时向右上方持续运行，如图 7-4 所示。该形态说明市场短期介入的投资者的平均成本超过长期持有投资者的平均成本，市场做多氛围浓，后市看涨。

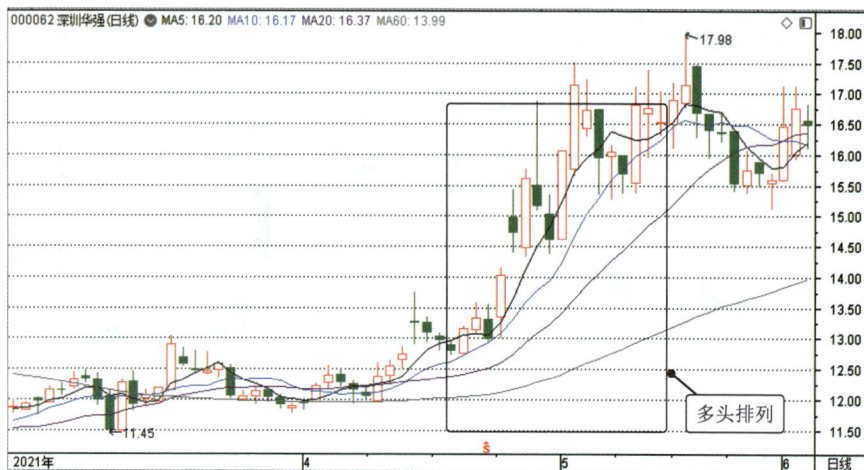

图 7-4 炒股软件中的均线多头排列形态

◆ 空头排列

空头排列组合情况下，各条移动平均线从下到上按照短期均线、中期均线、长期均线进行排列，并且各均线保持同时向右下方持续运行，如图 7-5 所示。该形态说明市场短期介入的投资者的平均成本低于长期持有投资者的平均成本，市场看空氛围浓厚，后市看跌。

图 7-5 炒股软件中的均线空头排列形态

在对移动平均线及其常见应用有了基本了解后，下面具体介绍其如何与筹码分布结合来判断股价的运行趋势。

7.1.2　股价偏离 5 日均线出现单日筹码峰

在股价稳健上涨过程中，股价依附于 5 日均线呈现出一致向上运行的情形，如果此时出现快速上涨行情，股价就会偏离 5 日均线，乖离率太大，这时候股价往往会有回调的风险，属于单边走势结束的标志，如果此时再出现单日筹码密集峰，这就是主力借势快速上涨的追涨效应趁机出货造成的，尤其在大幅上涨的高位出现这种现象，主力出货的概率更大，投资者最好抛售出局，落袋为安。

下面看一个案例。

实例分析

湖南投资（000548）股价高位偏离 5 日均线出现单日筹码峰卖出分析

图 7-6 为湖南投资 2020 年 5 月至 9 月的 K 线图。

图 7-6　湖南投资 2020 年 5 月至 9 月的 K 线图

从图 7-6 中可以看到，该股在 2020 年 5 月 20 日创出 3.52 元的最低价后企稳回升，步入上涨行情。整个上涨过程中，股价基本上都依附于 5 日均线缓慢攀升。

在 2020 年 9 月 21 日，股价跳空高开后快速放量打到涨停板并封住，当日以涨停大阳线拉高股价上穿 5 日均线。

次日股价继续跳空高开，仅开盘一分钟就放出巨量将股价打到涨停板后封板。此时，涨停大阳线已经完全站在 5 日均线上方并偏离。

第三日，股价再次以 5.67 元的涨停价跳空高开，之后股价持续震荡运行到均价线下方，最终在 14:38 以一笔巨大成交量将股价直线拉高上穿均价线后打到涨停板，之后股价封板直到收盘，当日股价收出涨停 T 形 K 线，大幅偏离 5 日均线。

通过这短短的 3 个交易日的快速上涨，股价已经创出 5.67 元的高价，从最低的 3.52 元到 5.67 元，涨幅已经超过 61%。在股价上涨的高位，股价大幅偏离 5 日均线，并放出天量，预测主力诱多的可能性较大。

下面继续分析对应的筹码分布图。

图 7-7 为湖南投资 2020 年 9 月至 2021 年 2 月的 K 线图。

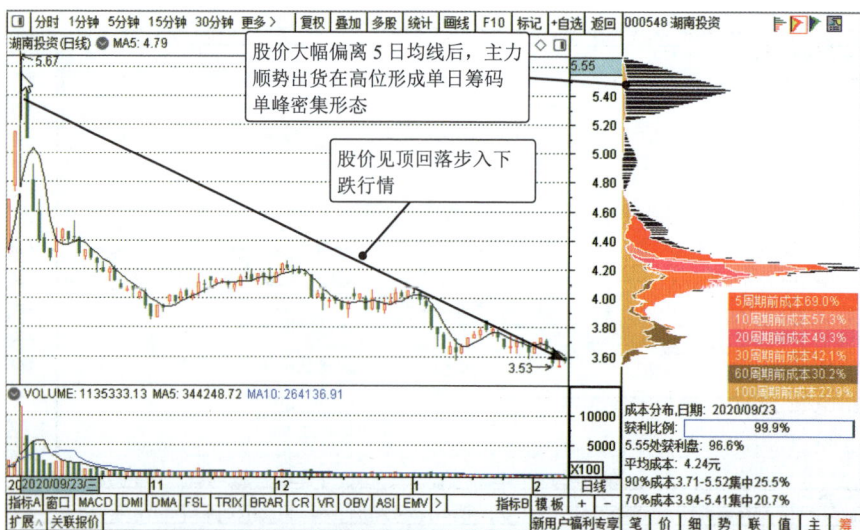

图 7-7　湖南投资 2020 年 9 月至 2021 年 2 月的 K 线图

从图 7-7 中可以看到，该股在创出 5.67 元的高价后直线下跌，在股价连续涨停拉升股价偏离 5 日均线，并在 9 月 23 日继续涨停开盘拉高股价偏离 5 日均线，筹码分布图的高位出现了单日筹码单峰密集形态。

由此可以更加确定，在股价上涨的高位，主力借快速拉升行情诱多，致使追涨盘介入顺利承接了主力抛售的筹码，从而形成单日筹码单峰密集形态。主力出货痕迹明显，此时投资者应该逢高卖出。

图 7-8 为湖南投资 2020 年 9 月 24 日的分时图。

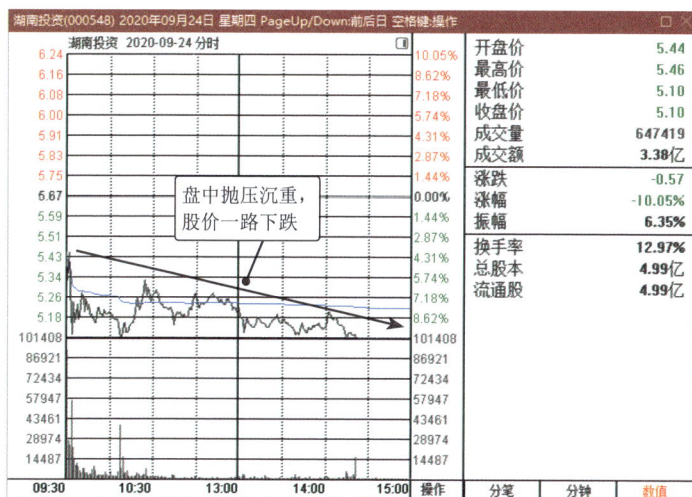

图 7-8　湖南投资 2020 年 9 月 24 日的分时图

从图 7-8 中可以看到，该股当日在巨量打压的作用下大幅低开，由于主力已经开始出货，盘中抛压沉重，之后该股一路震荡下跌，此时散户投资者也要顺势逢高卖出。

从后市的走势来看，该股在创出 5.67 元的最高价后一路下跌，经历了一波长时间的大幅下跌行情。

由此可见，前期股价大幅偏离 5 日均线并在高位形成单日筹码密集峰形态发出的卖出信号是十分可靠的。

7.1.3 均线多头排列后短线回落出现筹码单峰密集形态

在股价大幅下跌的低位，均线系统拐头向上出现多头排列，表示买方势力不断增强，行情可能见底回升步入上涨行情。但是此时却出现上涨后的短期回落，如果此时股价经过回落调整后筹码分布图中出现筹码密集峰，则可以肯定前期多头排列发出的买入信号可信。

股价之所以回落是主力清理浮筹的一种操作，所以最终才会形成筹码密集峰。如果下方筹码锁仓状态良好，则更加可以确定行情步入上涨，股价回落止跌的位置就是投资者入场的时机。

通常情况下，这个止跌点也是个股快速上攻前的启动位置，投资者入场后要坚决持股待涨。

下面看一个案例。

实例分析

双环科技（000707）下跌低位多头排列后短期回落出现筹码峰买入分析

图 7-9 为双环科技 2020 年 5 月至 2021 年 6 月的 K 线图。

图 7-9　双环科技 2020 年 5 月至 2021 年 6 月的 K 线图

从图 7-9 中可以看到，该股大幅下跌到 2020 年 5 月后跌势减缓，但是之后经历了一波长时间的大幅震荡行情，最终在 2020 年 12 月中旬左右有效跌破震荡区间后出现快速下跌行情，最终在 2021 年 1 月中旬创出 1.85 元的最低价后，在 2.00 元至 2.20 元的价格区间窄幅横盘震荡，5 日、10 日和 20 日均线交错在一起。

2021 年 2 月 19 日，该股低开后一路震荡走高，当日阳线报收站在 5 日均线上方，之后该股连续放量收出阳线拉升股价，5 日、10 日和 20 日均线出现拐头向上的走势，60 日均线也逐渐走平，且短期均线分别上穿走平的 60 日均线形成金叉，市场一片看好。

但是股价在上涨到 2.60 元价位线附近后滞涨回落，最终在拐头向上的 60 日均线位置获得支撑。之后股价快速上涨，均线系统也向上发散形成多头排列。但是这种好景没有持续多长时间，在股价运行到 2.80 元价位线下方时，股价滞涨，之后股价大部分时间维持在 2.60 元至 2.80 元的价格区间波动，是否股价在一波大幅反弹后再次进入了长时间的震荡波动中呢？

下面结合筹码分布图进行分析。

图 7-10 为双环科技 2019 年 10 月至 2021 年 3 月的 K 线图。

图 7-10　双环科技 2019 年 10 月至 2021 年 3 月的 K 线图

从图 7-10 中可以看到，该股在创出 1.85 元的最低价后进入横盘整理阶段，筹码分布图中下方虽然新增了许多筹码，但是在 2.40 元至 3.40 元的价格区间中仍然存在大量的远期筹码，说明在这一波短暂的横盘整理过程中，主力吸筹不充分。股价拉升不能持续也是情理之中的事。

下面继续分析股价多头排列后短期回落的筹码分布图

图 7-11 为双环科技 2019 年 12 月至 2021 年 6 月的 K 线图。

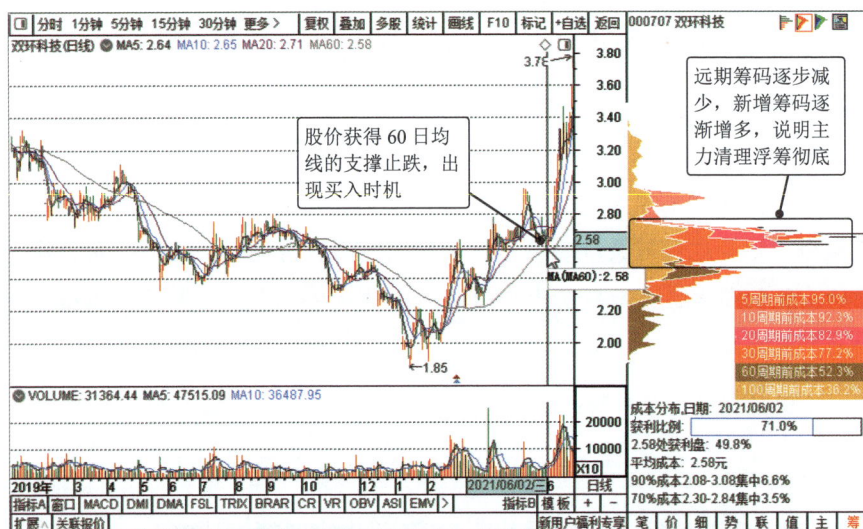

图 7-11　双环科技 2019 年 12 月至 2021 年 6 月的 K 线图

从图 7-11 中可以看到，随着股价在 2.60 元至 2.80 元的价格区间震荡波动，高位的大部分远期筹码已经完成了兑换，在 2.60 元至 2.80 元的筹码密集区已经转化成近期的筹码，说明通过一轮横向震荡行情，前期浮筹被集中到了主力手中，而且下方 2.00 元至 2.20 元价格区间的低位密集峰并未消失，这更加确定这轮回落只是主力清理浮筹的一种手段。

并且观察此时的 60 日均线可以发现，中长期均线仍然保持良好的向上趋势形态，最终股价在 60 日均线位置获得支撑止跌，此时就是一个很好的买入和加仓时机，投资者要积极逢低吸纳，追涨。

图 7-12 为双环科技 2021 年 5 月至 9 月的 K 线图。

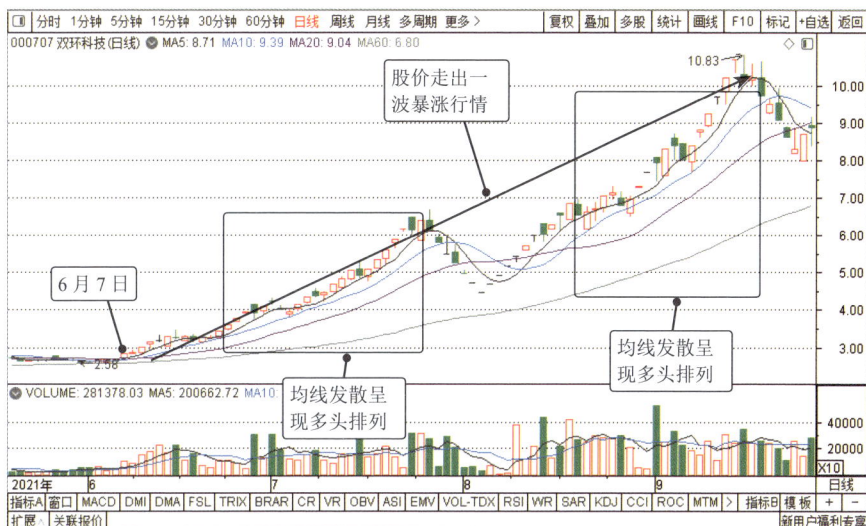

图 7-12　双环科技 2021 年 5 月至 9 月的 K 线图

从图 7-12 中可以看到，该股在 6 月 7 日放量高开后快速打到涨停板，期间只有短暂的几次开板，大部分时间都是封板状态，当日以 5.19% 的涨停板（当时该股是 ★ST 股）大阳线报收站在了所有均线上方。很快均线系统再次发散形成多头排列，新一轮的上涨行情开启。

从这轮涨势来看，可谓十分惊人。仅仅用了 4 个月左右的时间，股价从 2.58 元左右最高上涨到 10.83 元，涨幅达到 319%。如果投资者在股价短暂回落时，结合筹码分布图和均线系统分析出是主力的操作手法，果断持股或追涨，将获得翻倍的投资收益。

7.2　MACD 指标与筹码分布形态组合分析

MACD 素有"指标之王"之称，是众多股票投资者在投资分析中使用频率最高的技术指标之一。在使用该指标与筹码分布图结合分析股价走势之前，同样需要对该指标及其用法有基本的了解。

7.2.1　MACD 指标基础概述

MACD 指标是 Moving Average Convergence Divergence 的简称，其全称为指数平滑异同移动平均线。该指标用于研判股价的趋势，也可以判断买进和卖出信号。下面从指标的构成、交叉和背离三个方面来认识这个指标。

（1）MACD 指标的构成

要了解 MACD 指标的构成，就需要先了解其设计原理。

MACD 指标的设计原理是先计算出快速移动平均线（即 EMA1，一般取 12 日）和慢速移动平均线（即 EMA2，一般取 26 日），以这两个数值作为测量两者（快、慢速线）间的离差值（DIF）的依据，两者的差值即为 DIF 值，然后再求 DIF 的 N 周期的平滑移动平均线 DEA 线。最后用前面计算得出的 DIF 减去 DEA，得到 MACD 柱状线的值。

上述 DIF、DEA 和 MACD 柱状线就是 MACD 指标的核心内容，这些内容都会在炒股软件的副图中直接显示出来，如图 7-13 所示。

图 7-13　炒股软件中的 MACD 指标

从图 7-13 中可以知道，MACD 指标是由 DIF 曲线、DEA 曲线和

MACD 柱状线构成，各构成的具体介绍见表 7-2。

表 7-2　DIF 曲线、DEA 曲线和 MACD 柱状线介绍

构　成	具体介绍
DIF 曲线	【阐述】DIF 是指短期指数移动平均线与长期指数移动平均线之间的差，用于反映指数移动平均线的聚合程度。在早期股市中，一周有 6 个交易日，两周为 12 个交易日，一个月即为 26 个交易日，所以 DIF 也指 12 日的指数平均数与 26 日指数平均数的差值。因 DIF 取值间隔时间较短，图形波动比较迅速，所以又称为快线，是 MACD 指标计算中最早得出的一条线，也是最具有指示意义的一条线。 【应用】在实战中，DIF 经常与股价走势呈现出高度的一致性，特别是 DIF 与 0 轴的相对关系，更是判断买卖点的准确信号。当 DIF 向上穿越 0 轴，预示后市行情将转好；当 DIF 向下跌破 0 轴，则后市行情看空
DEA 曲线	【阐述】DEA 也叫差离值移动平均数，是 DIF 的 M 日移动平均数，将差离值进行平滑处理，即是在 DIF 的基础上运用 EMA 的算法得到的结果。因其取值的间隔时间稍长，图形波动更为平缓，所以称为慢线。 【应用】DEA 是 DIF 经过平滑计算处理后得出的，所以在使用 MACD 时，通常以 DIF 为主，DEA 为辅。当 DIF 在低位向上突破 DEA 时，为买入信号；当 DIF 在高位向下跌破 DEA 时，为卖出信号
MACD 柱状线	【阐述】MACD 柱状线是用差离值减去异同平均数值的两倍绘制而成的，可代表未来发展趋势的强弱程度。 【应用】MACD 柱状线能很好地表达出多空双方力量的强弱变化，当柱状线从红色转变为绿色时，即表明多方开始乏力，空方势力增加，此时应卖出。当柱状线从绿色转变为红色时，表明多方力量战胜空方，占据主动，此时应买入

（2）MACD 指标的交叉

MACD 指标的交叉具体是指 DIF 线与 DEA 线的交叉，有金叉和死叉之分。

◆ MACD 金叉

当 DIF 线从下向上突破向上运行的 DEA 线形成的交叉即为 MACD 金叉。不同位置的 MACD 金叉具有的意义不同。

①金叉在 0 轴上方，是强烈的买入信号。

②金叉在 0 轴附近，表明上涨趋势刚开始，后市上涨空间大，买入风险相对小。

③金叉在 0 轴下方，表明市场中多方刚开始占据优势，上涨行情还未确立，此时买入回报高，风险也大。

◆ MACD 死叉

DIF 线从上向下跌破向下运行的 DEA 线形成的交叉即为 MACD 死叉，不同位置的 MACD 死叉具有的意义不同。

①死叉出现在 0 轴下方，这种情况通常出现在下跌行情反弹阶段，意味着反弹行情的结束，后市行情将继续下跌，投资者此时应卖出股票。

②死叉出现在 0 轴附近，表明在 0 轴附近下跌动能开始聚集，又将迎来新一轮下跌行情，为卖出信号。

③死叉出现在 0 轴上方，这种情况通常出现在上涨行情回调阶段，表明回调的结束，后市行情将继续上涨，投资者此时应持股观望。

图 7-14 为炒股软件中 MACD 金叉和 MACD 死叉的形态。

图 7-14　炒股软件中 MACD 指标的交叉

（3）MACD 指标的背离

一般情况下，MACD 指标的背离就是研究股价与 MACD 指标的两条曲线的走势背离。

所谓 MACD 指标的背离，就是指 MACD 技术指标与股价走势相反，它有顶背离和底背离两种形态，具体介绍如下。

◆ 股价处于上涨趋势中，而 MACD 指标的整体运行趋势却相反，即向下运动，称为顶背离，是卖出信号，如图 7-15 所示。

图 7-15　MACD 顶背离

◆ 股价处于下跌趋势中，而 MACD 指标的整体运行趋势却相反，即向上运动，称为底背离，是买入信号，如图 7-16 所示。

知识拓展　*MACD 指标的背离使用注意事项*

在实战中使用背离时应注意三点：①背离始终与趋势紧密相连，背离实际上是两个完整趋势之间的动能比较，没有趋势就没有背离。②背离是动能之间的比较，因此特别适用于趋势性指标，如移动平均线、MACD 指标等。③顶背离在顶部出现的次数越多，下跌的可能越大。同样底背离在底部出现的次数越多，上涨的可能越大。

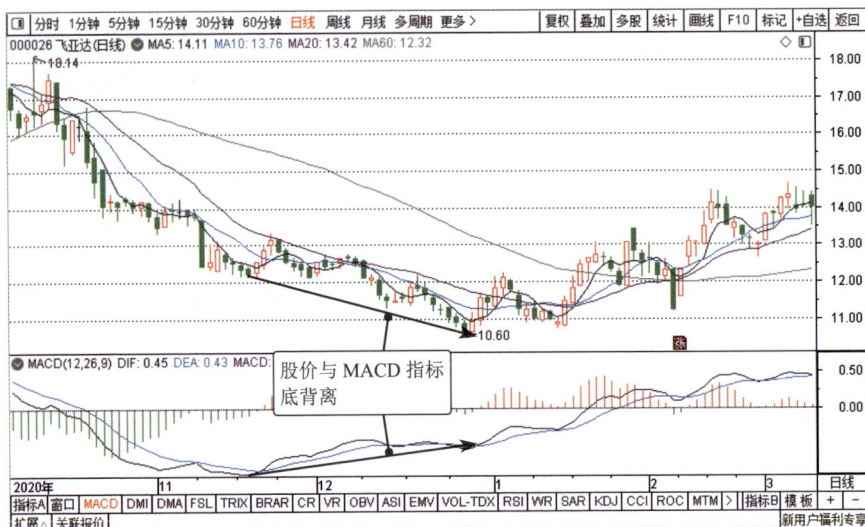

图 7-16　MACD 底背离

7.2.2　MACD 底背离 + 低位密集峰——抄底

在股价大幅运行到低价位即将见底时，MACD 指标与股价往往都会形成底背离形态。此时筹码分布图中虽然出现了低位筹码，但是上方仍然分布大量的高位套牢筹码。

因此股价止跌上涨后会有一波回调整理，随着整理的结束，上方筹码向下转移，筹码分布图中出现低位筹码密集区，说明上涨动力已经蓄势完毕，后市必有一波上涨行情。

在实战操作中，要判断此类行情，可以从以下三点来进行分析。

◆ 股价向上突破重要阻力线之前最好观望

当 MACD 指标出现底背离后，上方仍然堆积大量筹码，虽然伴随着 0 轴下方的低位金叉的出现，上涨动能开始逐步增加，但是上方套牢盘依然会对股价的继续上涨形成较强的阻力。

如果股价能够顺利突破阻力位，则上涨行情就能启动；否则股价还会继续下跌。因此投资者此时不要急于抄底，最好持币观望。

◆ 股价回调的呈现方式很重要

因为 MACD 底背离后上方筹码并没有完全转移到下方，因此股价止跌回升的上涨幅度和时间不会太长，之后便会进入回调整理阶段，该轮回调的目的是清理浮筹，使套牢盘交出筹码，因此回调往往以横盘整理的方式居多，且横盘整理的时间较长。

在这个整理过程中，筹码会逐渐转移到股价震荡的区域，并形成密集峰，说明大部分筹码集中到了主力手中，主力高度控盘后，离拉升上涨就不远了。

◆ 0 轴附近的金叉就是买点

在筹码密集峰形成后，上涨趋势就基本形成了，如果此时的 MACD 指标在 0 轴附近出现金叉，这是上涨动能开始释放的标志，是投资者安全抄底的时机，此时投资者可积极买入，抄底。

当然，如果此时的 MACD 金叉出现在 0 轴上方，则发出的买入信号更强烈。

下面看一个案例。

实例分析

国际医学（000516）MACD 底背离后的低位筹码密集峰买入时机分析

图 7-17 为国际医学 2019 年 4 月至 2020 年 6 月的 K 线图。

从图 7-17 中可以看到，该股大幅下跌后在 2020 年 4 月初形成一个明显的阶段低位，但是股价反弹持续的时间并不长，之后股价继续下跌并创出 3.92 元的最低价后跌势减缓，随后步入横盘整理阶段。

观察同时期的 MACD 指标可以发现，早在 2020 年 4 月股价形成明显低位时 MACD 指标就止跌了，并且随着这轮短暂的反弹，MACD 指标中 DIF 线从下上穿 DEA 线形成金叉，之后两条曲线向上运行，与股价走出完全背离的走势，这是典型的 MACD 底背离形态。

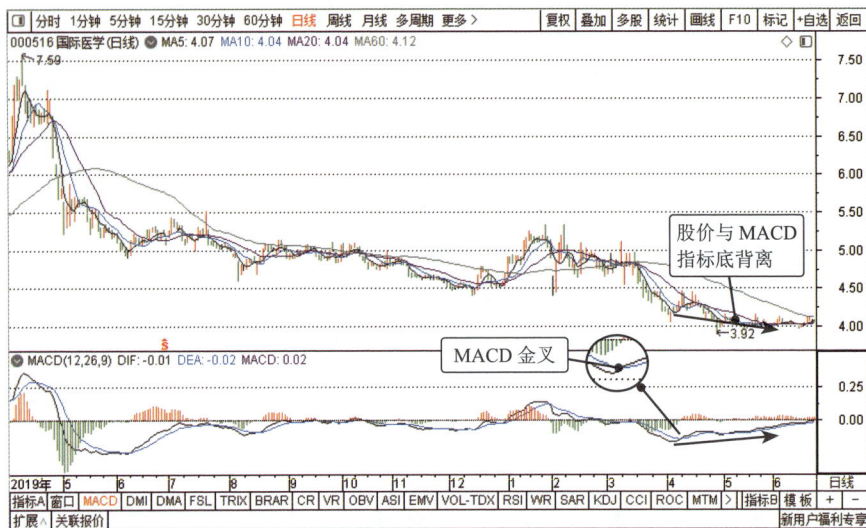

图 7-17　国际医学 2019 年 4 月至 2020 年 6 月的 K 线图

下面来观察底背离形成末期的筹码分布图。

图 7-18 为国际医学 2019 年 4 月至 2020 年 7 月的 K 线图。

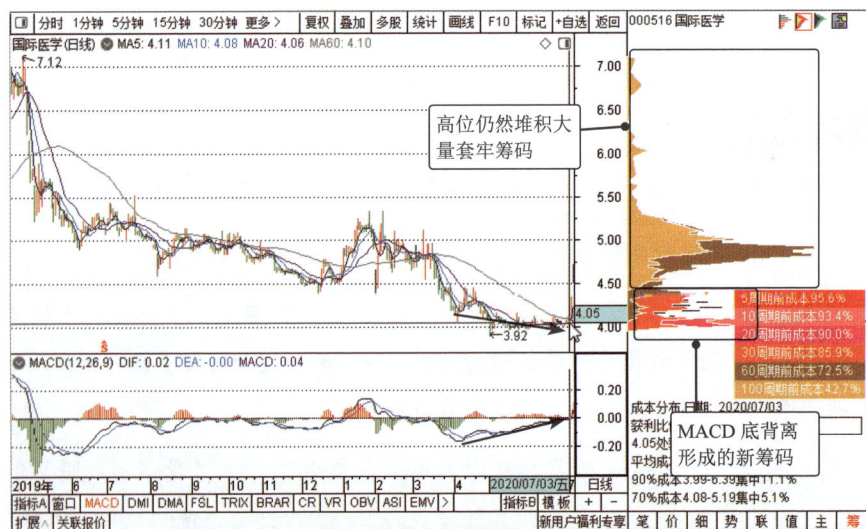

图 7-18　国际医学 2019 年 4 月至 2020 年 7 月的 K 线图

从图 7-18 中可以看到，该股在 MACD 指标底背离的末期，虽然股价在低位横盘了一段时间，4.50 元下方也出现了许多新筹码，但是在 4.50 元至 7.50 元仍然存在许多高位筹码，尤其在 4.50 元至 5.50 元的价格区间，还存在一个高位筹码密集峰，这个密集峰将对后市股价拉升产生较强的阻力，因此股价必须有效突破这个价位才能真正步入上涨行情。

图 7-19 为国际医学 2020 年 2 月至 10 月的 K 线图。

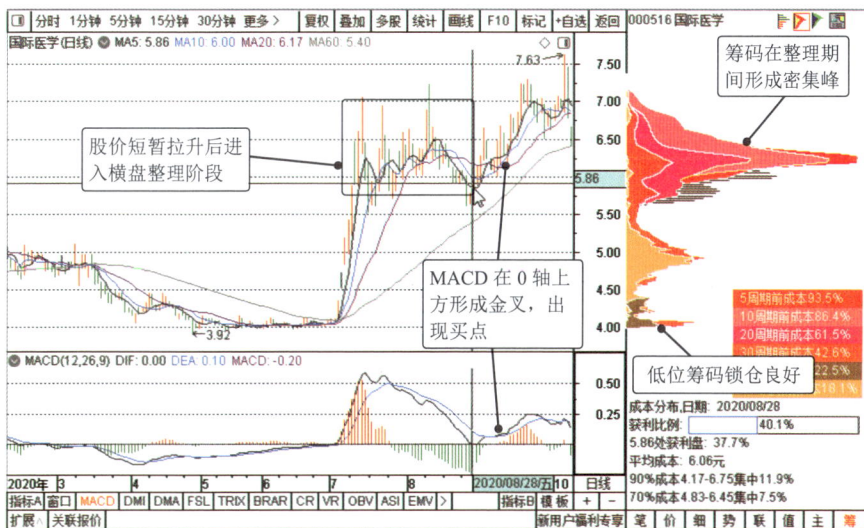

图 7-19　国际医学 2020 年 2 月至 10 月的 K 线图

从图 7-19 中可以看到，该股之后经历了一波直线拉升行情，但是这波拉升仅仅维持了几个交易日便结束，之后股价始终在 5.75 元至 6.50 元的价格区间横盘整理，整个横盘时间持续了两个多月。在 8 月底，该股出现了一个明显的震荡低点，同期的 MACD 指标的 DIF 线和 DEA 线也出现拐头向上运行的趋势。

观察对应的筹码分布图可以发现，通过这一波震荡整理走势，筹码分布图中在该价位区域形成明显的筹码密集峰，且下方低位的筹码锁仓良好，说明主力清理浮筹彻底，并且良好控盘。

之后，随着股价的上涨，DIF 线在 0 轴上方上穿 DEA 线形成金叉，综合多方面的分析，此时形成的金叉发出了可靠的买入信号，投资者此时应该积极逢低吸纳，抄底。

图 7-20 为国际医学 2020 年 4 月至 2021 年 7 月的 K 线图。

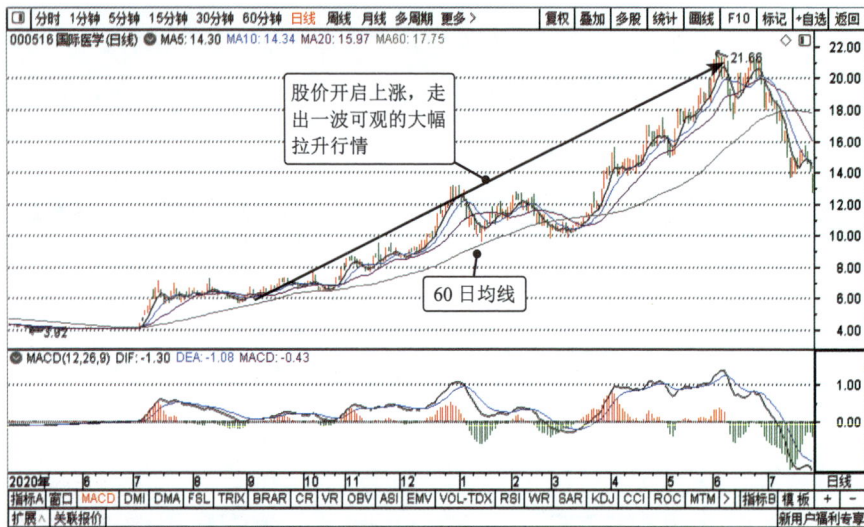

图 7-20　国际医学 2020 年 4 月至 2021 年 7 月的 K 线图

从图 7-20 中可以看到，该股在 2020 年 9 月初股价横盘整理结束后，在 60 日均线的支撑作用下一路上涨，走出一波可观的上涨行情。股价从 6.00 元附近，最高上涨到 21.66 元，涨幅达到 261%。

如果投资者在前期通过 MACD 指标底背离技术与低位筹码密集峰分析行情见底回落开启上涨行情，并在 2020 年 9 月 MACD 指标在 0 轴上方形成金叉后买入，持股一段时间，之后在任意时间点卖出，都将获得不错的收益。通过这个案例也更加说明了此项分析技术在实战操盘中的重要作用。

7.2.3　MACD 顶背离 + 高位密集峰——逃顶

在股价大幅上涨到高价位区后，主力随时都可能兑现筹码离场。当股价出现疲软上涨走势时，对应的 MACD 指标出现了向下的走势，与股价形成顶背离形态，此时一般是行情见顶的信号。

从筹码分布图来看，在 MACD 出现顶背离后，下方低位筹码快速上移，高位出现了大量筹码，说明此时主力已经开始出货，稳健的投资者就应该逢高抛售。如果主力在 MACD 顶背离没有完成出货，通常就会在高位出现横盘整理或者小幅下跌后止跌整理，在这一整理过程中，下方筹码快速转移到股价震荡价格区间，并形成密集峰，此时更加可以判定行情见顶，投资者要及时离场。尤其在股价跌破前期重要支撑位时，更是行情加速下跌的标志。此时投资者应该果断清仓。

下面来看一个案例。

实例分析

奥园美谷（000615）MACD 顶背离后的高位筹码密集峰卖出时机分析

图 7-21 为奥园美谷 2020 年 10 月至 2021 年 6 月的 K 线图。

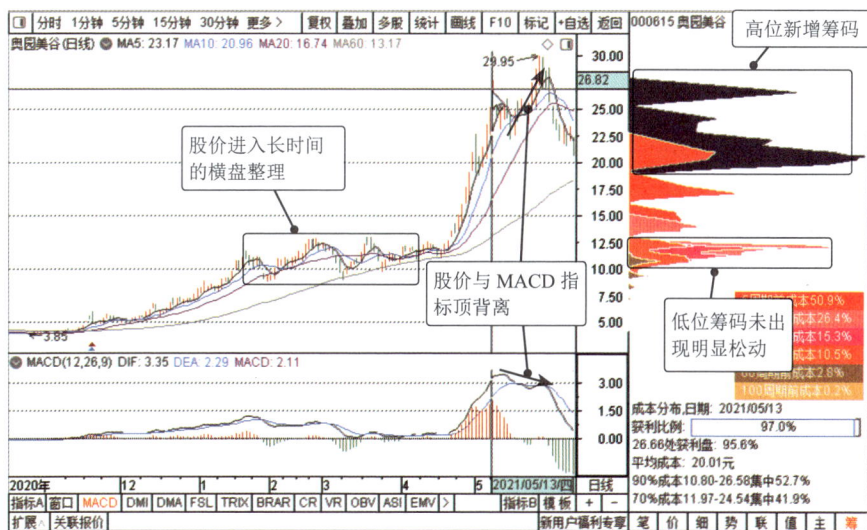

图 7-21　奥园美谷 2020 年 10 月至 2021 年 6 月的 K 线图

从图 7-21 中可以看到，该股在 2021 年 1 月中下旬上涨到 10.00 元价位线附近后滞涨，之后进入了 3 个多月的横盘整理时间，使得该股在 10.00 元至 12.50 元的价格区间形成密集峰。之后股价出现了一波快速拉升行情，将股价推高到阶段性的高位，观察此时的筹码分布图可以发现，下方低位筹码峰基本没有松动，但是高位却新出现了许多筹码。

随后股价短暂回落后继续上涨，并创出29.95元的最高价。虽然股价出现继续上涨行情，但是观察同期的MACD指标可以发现，DIF线和DEA线均拐头向下，出现与股价完全相反的走势，形成典型的MACD顶背离形态。

下面继续观察形成顶背离形态后的筹码分布图。

图7-22为奥园美谷2021年4月至2022年3月的K线图。

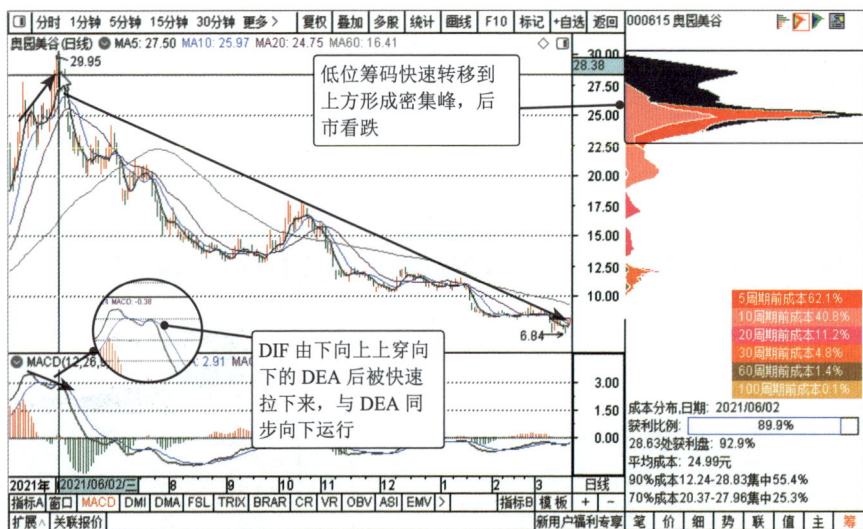

图7-22　奥园美谷2021年4月至2022年3月的K线图

从图7-22中可以看到，在MACD形成顶背离形态后，下方筹码快速转移到上方，并在高位形成明显的密集峰，说明主力已经基本完成筹码派发，而且在MACD指标顶背离过程中，DIF线从下向上上穿向下运行的DEA线时，很快就被拉下来与DEA线同步向下运行，更说明了行情见顶的事实。

之后股价连续多日阴线报收拉低股价快速下跌，行情步入下跌通道，如果之前的投资者未及时离场，在后市的快速下跌行情中将损失惨重。